高职高专财经类专业系列教材

CAIJING

实用生产管理

Shiyong Shengchan Guanli

谭红翔 著

重庆大学出版社

内 容 提 要

本书内容包括生产管理概述和生产管理四大职能的主要相关知识。本书不系统论述生产管理的理论知识，而重点在于结合大多数企业生产管理的实际和需要，介绍生产管理实用的知识和技能，其中不少内容是作者生产管理经验和教学实践的总结。

本书编排新颖，内容实用，案例丰富生动，通俗易懂。本书具有较强的适用性和针对性，适于高职高专教学和成人教育以及企业员工自学之用，对本科、研究生教育也是一本有益的参考书。

图书在版编目(CIP)数据

实用生产管理/谭红翔著 . —重庆:重庆大学出版社,
2007.8(2019.2 重印)
(高职高专财经类专业系列教材)
ISBN 978-7-5624-4190-8

Ⅰ.实⋯　Ⅱ.谭⋯　Ⅲ.企业管理:生产管理—高等学校:
技术学校—教材　Ⅳ.F273

中国版本图书馆 CIP 数据核字(2007)第 109475 号

高职高专财经类专业系列教材
实用生产管理
谭红翔　著

责任编辑:顾丽萍　杨正伟　　版式设计:顾丽萍
责任校对:任卓惠　　　　　　责任印制:张　策

＊

重庆大学出版社出版发行
出版人:易树平
社址:重庆市沙坪坝区大学城西路 21 号
邮编:401331
电话:(023) 88617190　88617185(中小学)
传真:(023) 88617186　88617166
网址:http://www.cqup.com.cn
邮箱:fxk@ cqup.com.cn(营销中心)
全国新华书店经销
重庆市正前方彩色印刷有限公司印刷

＊

开本:720mm×960mm　1/16　印张:8.75　字数:157 千
2007 年 8 月第 1 版　　2019 年 2 月第 4 次印刷
ISBN 978-7-5624-4190-8　定价:25.00 元

前言

随着改革开放的不断深入，近30年来我国经济建设呈现快速、持续、健康的发展态势，一大批不同所有制形式的企业应运而生，并迅速做大做强。但也不可否认，在市场经济的洪流中，不少企业却因缺乏市场竞争力而倒闭或效益低下，造成这种状况的最主要原因往往就是这些企业的管理水平不高。同类型的企业，甚至同一地区的企业，却因企业管理水平的高低不同而呈现很大的差距。企业管理水平重要性的案例举不胜举。

正因如此，学习和运用企业管理知识，提高企业经济效益已成为我国企业管理者的共识。作为企业管理中最重要任务之一的生产管理理所当然成为相关专业从高职高专到本科、研究生教育的重要课程。同时，企业的许多管理人员也急盼提高生产管理的水平和能力，他们也通过成人教育、岗位培训、自学等多种形式学习生产管理的知识。

企业、社会对生产管理知识的需求是迫切的，不同类型学校和诸多企业开设生产管理的课程是非常普遍的。但是不论在学校还是在企业，大多数学员对这门课程的学习并不感兴趣。究其原因，不是他们不想学，而是他们所使用的教材大多仅是一些理论上的阐述，加之大多数授课教师缺乏生产管理的实践经验，因而他们照本宣科似的教学方式使得教学枯燥乏味，当然也就不受学员欢迎,这也使得生产管理的教学收效甚微。因此,提高生产管理的教学效果急需从理论到实践教学内容丰富、生动、活泼,能真正满足教学需要的教材。

本人大学毕业后,曾先后在两个大中型企业从事基层和高层的生产管理活动达 18 年之久,对生产管理原理有一定学习和研究,也有大量的生产管理实践经验。1999 年调入昆明冶金高等专科学校以来,从事学校管理类课程的教学工作,一直潜心研究生产管理的应用,并担任生产管理课程在校生和校外成人教育的教学工作。在云南的多个大型企业成人教育活动中,认识到即使在非常著名的特大型企业,生产管理也还有不少工作可做。因此,在教学中大量地运用了本人亲身经历和思考所积累的经验作为教学内容,并尽可能地结合企业的实际进行案例教学,深受学员的欢迎。有的案例很快得到了企业管理者的重视,进而改进了生产管理。教学座谈时,学员普遍反映这种讲授生产管理的方式,使教学内容通俗易懂,学员深受启发。

正是看到生产管理课程教学一方面社会非常需要,但另一方面又普遍存在教材重理论、轻实践,学员厌学的被动局面,在教学取得成功经验的基础上,作者萌发了针对既能满足高职高专学生、成人教育学生和自学者需要,同时又能给更高学历教育提供参考这一目的而撰写教材的想法。通过一段时间的思考,并对多年的教案进行整理,撰写了本书稿献给读者,愿读者喜欢。

本书以使学员掌握相关知识,贯穿培养应用能力为主线,不追求生产管理知识的系统完整,不侧重对原理的深度研究,而是根据大多数企业生产管理者所需的知识和原理来撰写内容,坚持理论联系实际,因而内容实用,具有针对性、适用性。通过学习,学员不仅知其然,且知其所以然,能够真正掌握生产管理的相关知识,举一反三地进行思考和应用,从而提高企业的管理水平。

撰写本书的目的是为生产管理的教学提供一本好教材,最终为社会服务。但鉴于本人的学习、工作经历所限,对生产管理的有关理论研究也不是非常深刻,加之时

前　言

间所限,虽已几易其稿,但仍难免存在疏漏不足之处,诚恳欢迎读者和专家批评指正,以便使教材更加完善。

　　本书由昆明冶金高等专科学校校长、高级经济师夏昌祥教授主审。吉林电子信息职业技术学院党委书记高忠武教授、张爱军副教授,湖南冶金职业技术学院院长刘太刚教授、周元明副教授,镇江高等专科学校丁钢博士对书稿的写作提出了很好的建议和帮助,在此向他们表示衷心的感谢。

　　本书写作时参阅了大量相关书籍和资料,在此特向作者表示衷心感谢。

　　在本书出版过程中,重庆大学出版社顾丽萍、杨正伟编辑提出了许多很好的建议,昆明冶金高等专科学校冯嘉洁老师参加了书稿的录入和编排工作,在此特表谢忱。

谭红翔

2007 年 5 月于昆明

MULU

目 录

第 1 章
生产管理概述

【知识目标】

1. 理解生产的概念,弄清影响生产的各种要素;

2. 理解企业的概念,弄清企业的特征和分类;

3. 弄清管理的四大职能和生产管理的概念,以及生产管理的内容和原则。

【能力目标】

1. 通过调查了解某企业从原料到产品的生产过程,能够弄清影响该企业生产效率的生产要素是哪些。

2. 在调查了解的基础上,应用所学知识,分析某企业的生产要素,能够进行简要的评价,提出一些初步的改进意见。

什么是生产管理？为什么要进行生产管理？怎样搞好生产管理？要回答这些问题,需要从与生产管理相关的生产、企业等一些基本概念说起。

1.1　生　产

1.1.1　生产的发展过程

生产是伴随着人类历史发展而产生的,从古至今,人类一直从事着不同形式的生产以满足自己的生存、生活需要。就生产的发展过程来看,生产大体分为 3 个阶段。不同的阶段,生产的概念也有所不同。

(1)自然物的生产

这个阶段的生产是以自然物为对象的生产活动。从原始社会开始,人类为了生存,以自然界的资源为生产对象,如采集果实和狩猎,以此来满足自己的生理需要,获取的果实多了就设法进行播种,以保证来年有收成;而获取的猎物多了,就把它们圈养起来,让它们繁衍,等到人们找不到猎物时,再将那些圈养的猎物杀死,以充食。这就是最早的生产活动——农耕、畜牧、捕捞等。原始的生产方式发展到今天,就形成了包含农、林、牧、渔的第一产业。

(2)有形物的生产

随着人类社会不断进步,奴隶社会、封建社会和资本主义社会等社会形态不断产生。在这些社会里,人们除了对自然界的资源进行生产、使用、占有之外,还希望改变这些自然资源的形态以达到丰富人们生存、生活所需的目的。如把坚硬的铁矿石冶炼为铁,再改变形状为镰刀、锄头等更利于生产活动的工具。随着生产力的不断提高,人们渐渐地开始了提炼、制造等生产活动。这些活动的结果都产生了人们需要的有形物。有形物生产发展到今天,就是包括制造业、建筑业等在内的第二产业。

(3)无形物的生产

在非自给自足社会里,人们进行有形物生产的目的,大多数情况下不是为了自己使用,如铁匠做镰刀不只是为了自己使用,更多的是提供给其他需要的人使用。随着社会分工的细化,一个人无法生产出他所需要的所有生活用品,于是他需要用自己生产出的物品去交换所需要的物品。于是人们开始了最早的物品交换,产生了货币,出现了商品交换。而随着商品交换的日益繁荣,生产者已无法保证自己的产品及时、广泛地进行交换,于是就产生了帮助生产者进行商品交换的活动。正是这些活动,使有形物的生产者和使用者得到了有效联系,从而推动了有形物生产。这样的过程虽然没有改变有形物(商品)的性质,但使有形物(商品)的效用得到了发挥,或者是满足了人们的需求,这就是包括运输、销售、贸易流通、服务等在内的第三产业。

1.1.2　生产的概念

什么叫生产? 从广义上讲,生产是指以一定生产关系联系起来的人们把生产要素的投入转为有形和无形的生产财富(产出),从而增加附加价值,并产生效用的过程。这种生产包括物质产品和非物质产品的生产,产出的财富包括产品、服务和知识,生产的目的是增加附加值和产生效用。广义的生产范畴非常广泛,不同类别的生产有不同的规律。在人们的实际认识中,更多的是把生产看成是有形物的生产,也就是第二产业的生产。狭义地讲,生产是指"以一定的生产关系联系起来的人们利用生产工具改变劳动对象以适合自己需要的过程"。

本教材要讨论的是狭义的生产及在此基础上的生产管理。

怎样理解生产这一概念呢? 可以从下面煤变"棉花"的例子来说明,如图 1.1 所示。

图1.1　煤变"棉花"

煤是一种黑色的既硬又沉的天然原料,把它变成人们需要的白色的既软又轻的"棉花",在生产技术不发达的年代是不可想象的,即使在今天,没有接受过高中以上教育的学生也觉得不可思议。实际上这么一个变化的过程就是典型的生产。生产的过程是把原料变为了中间产品,再变为成品,如图1.2 所示。

在这一过程中,劳动对象由煤变成了"棉花",实现了劳动目的,生产工具需要电炉、聚合釜等设备。生产联系起来的人们就是生产维尼纶的工厂中的车间、班组工人和各级管理者。

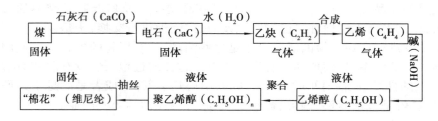

图 1.2　"棉花"维尼纶生产过程

因此,生产也可说是劳动者使用劳动工具使原料变成产品的过程。产品就是劳动者劳动的目的,即生产的目的。

生产在现实生活中比比皆是,如汽车厂把钢板等原料加上橡胶、玻璃、电气设备等一些中间产品组装成汽车等。

1.1.3　生产系统及其要素

(1)生产系统

生产系统是企业大系统中的一个子系统,主要指生产的输入、转换、输出实物产品、服务和知识的过程,其目的是实现价值增值,满足社会(用户)需要,增加企业利润和提高职工福利。

(2)生产系统的组成

生产系统的组成如图 1.3 所示。

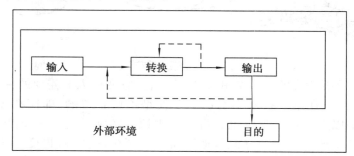

图 1.3　生产系统

企业输入的生产要素,一般包括人、知(知识)、机(机器设备、工具)、料(原材料、外购件)、法(工艺方法)、资(资金)、能(能源)、信(生产信息,如生产计划、定额)等。

　　生产系统的转换,是指生产制造过程和质量、成本、设备、库存等管理过程。生产制造过程包括生产过程的空间组织、时间组织、劳动分工与协作、按预定的工艺流程生产出产品。质量、成本、设备、库存等管理,主要指生产过程中控制质量、成本、库存和维修设备等。

　　生产系统的输出,是指输出实物产品、服务和知识。

　　生产系统要有明确的目的性,这是系统设立的前提。在社会主义市场经济条件下,生产系统设立的目的就是为了实现价值增值,满足国家经济建设的需要和用户需要,增加企业利润和提高职工福利。生产系统要强调效益性,争取输出大于输入,提供高效益。

　　外部环境与生产系统之间存在物质、能量与信息的转换。生产系统要不断适应外部环境,加强内部协调性工作。为了改善生产工作,还应随时注意信息的反馈,从而使生产顺畅地进行,生产出符合要求的产品或提供服务。企业要增强生产系统对外部环境的适应性;在震荡的外部环境中能应付自如,反应机敏。企业可采用柔性制造系统、混流生产平准化、计算机辅助管理等。

　　从生产的概念中可知,生产出某种产品必须有劳动者(工厂管理者和工人)、劳动工具(全厂的生产设备)和劳动对象(工厂的原料或半成品),这三个大方面组成了生产系统。每一个大方面又由许多小的重要方面来组成,这些重要方面直接影响生产的效果,我们把它们称为生产要素,如图1.4所示。

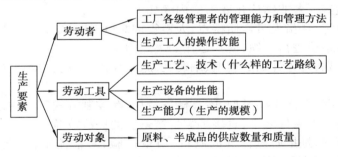

图 1.4　生产要素

　　上述生产要素在生产的过程中都是必不可少的,生产要素的优劣决定了产品的成本、质量、市场竞争力。

　　生产系统要素也可以从硬件和软件两个方面分为结构化要素和非结构化要素。

　　1)生产系统的结构化要素

　　生产系统的结构化要素,主要是构成生产系统物质形式的那些硬件及它们之间的相互关联。结构化要素主要包含生产技术、生产设施、生产能力和生产系统的集成等。各结构化要素的内涵如下：

生产技术，是指生产工艺技术的特点、工艺技术水平、生产设备的技术性能等。它通过生产设备构成和技术性能反映生产系统的工艺特征、技术水平。

生产设施，是指生产性建筑物、机器设备、生产装置的构成及规模，机器设备的合理布置。

生产能力，是指生产系统内机器设备等生产性固定资产的种类、技术性能、数量及其关系，它反映生产的可能性。

生产系统的集成，是指系统的集成范围、集成的方向（即生产过程的纵向集成、横向集成）、系统与外部的联系等，它表达出企业生产系统的结构形式。

结构化要素是形成生产系统框架结构的物质基础。建立这些要素需要的投资多，一旦建立起来并形成一定的组合关系之后，再进行调整难度较大，因此决策时应该慎重。当然，如果结构化要素确实落后了，企业效益不高，那就需要进行必要的调整，这是不可避免的。

2）生产系统的非结构化要素

生产系统的非结构化要素是指在生产系统中起支持和控制系统运行作用的要素。它大部分以软件的形式出现，主要包括人员组织、生产计划、库存和质量管理等。各非结构化要素的内涵如下：

人员组织，是指人员素质特点、人事管理制度、劳动定额、定员、组织机构等。它是对系统进行组织，使其运作的决定因素。

生产计划，是指计划的类型、编制、实施和控制。它决定着生产系统的顺利运行。

生产库存，是指库存类型、库存储备量、库存控制方式等。它是生产系统正常运转的基本条件之一，直接影响生产系统的经济效益。

质量管理，是指质量标准的制订、质量检验、质量控制、建立质量体系。它是生产系统正常运作和产品质量的基本保证。

建立上述非结构化要素，一般不需要花很大的投资，建成后对它的改变和调整较容易。因此，采用何种非结构化要素，要求决策的风险较小。但是，随着企业不断发展和进步，非结构化要素的作用会愈来愈大。在某些情况下，它能够以很大的作用力影响结构化要素。

优化生产系统的结构，也就是提高企业的装备水平、员工素质和管理能力。企业的装备水平越先进、员工素质越高、管理能力越强，企业生产管理的效率就越高，也就必然产生良好的效益，具有较强的竞争力。因此，任何一个企业都应高度重视生产系统这一基础条件,这对搞好企业生产管理是非常重要的。从下面案例可以很好地理解这个道理。

[案例启示]

案例1.1 两种国产汽车的生产工艺技术

国内某牌号汽车的产品质量相对不好,虽然拥有一定市场占有率,但市场销售价格一直偏低。这是为什么呢? 就是由于这种汽车生产的工艺路线和工艺要求决定了它的价格。这种汽车的生产线装配是由人工完成的。如生产引擎盖,两块薄铁板冲压成形后要焊接,该厂的生产工艺是由工人手工随意沿边焊接几个点,焊接的点不固定,由操作工人凭感觉大致确定,焊接完的引擎盖焊点明显不一致。试想,两块薄板联结应该有最佳的着力点,但焊接时却这样随意(赶进度),如此这般,质量怎能保证? 由此也就不难理解这种汽车受冲击易变形的原因,当然也就不难理解价格为什么较低了。

反之,国内另一种牌号汽车使用的是自动化生产线,选用的引擎盖薄板较厚,冲压成形后,进入自动化的装配线沿边满焊,受力均匀,焊接牢固。因此,这种品牌的汽车相对耐受冲击,产品质量好,售价自然比前一例中的车要高。

案例1.2 高原明珠——云南铝业股份有限公司

据报道,2005年中国铝行业80%的企业亏损,云南铝业股份有限公司既无资源优势,又无市场销售优势(原料从国外进口,运距远;产品主要销往广东、上海等发达地区和国外市场),但该公司却连年取得骄人的成绩。为什么? 仔细分析不难看出,原因就是该公司通过不懈的努力,使公司的生产要素实现了不断优化,并得到了最佳组合。该公司积极进行创新。技术创新:不断跟踪世界先进电解铝工业技术,采用先进的30万kVA电解生产技术。仅这一项技术每吨产品就可节电1 000 kW·h;管理创新:不断学习和运用科学的管理方法和手段,提高企业管理水平,如通过质量管理、环境管理、职工安全生产管理的国际认证等;人才培养:从制度和效益挂钩入手,通过学历教育和多渠道培训使员工文化素质不断提高,员工整体素质明显优于其他同类企业。

这些都是该公司优化生产要素的重大举措,正因为有这些措施,才保证了该公司虽地处西南边陲却成为全国电解铝行业的骄子,成为一颗明亮的高原明珠。

从这两个例子,可以看出生产要素的优劣对于生产是至关重要的。

1.2 企 业

1.2.1 企业的概念

企业是从事生产、流通、服务等经济活动,向社会提供产品或劳务,满足社会需要并获取赢利,实行自主经营、自负盈亏、独立核算,具有法人资格的经济组织。

1.2.2 企业的特征

(1)经济性

企业是从事生产、流通或服务性活动的经济组织。经济组织,是企业与不从事经济活动的行政单位、事业单位和群众组织的根本区别。企业的特点就是它所有活动的最终目的是赢利,产生利润。因而区别企业和其他行政事业单位的主要标志之一就是企业要给国家上缴税收,而行政事业单位不给国家上缴税收,如公立学校不能以赢利为目的,也不需要给国家上缴税收。

(2)赢利性

任何企业必须以赢利为目的。不讲效益、没有赢利的企业将难以维持简单再生产,更谈不上扩大再生产,终将会被淘汰。当然,社会主义企业与资本主义企业的赢利在本质上是有区别的。

(3)独立性

企业是实行独立经济核算、自负盈亏的商品生产者和经营者,不是行政机构的附属物。

(4)社会性

企业是构成国民经济整体的基本组成单位,是国民经济有机体中的一个"细胞"。因此,它必然与国民经济其他部门相互依存、相互协作。一方面它的生存与发展有赖于其他部门的支持配合,另一方面它必须承担一定的社会责任,以促进整个社会的文明与进步。

1.2.3　企业的分类

（1）从资本组成形式分

从资本组成形式划分的企业类型有独资企业、合伙企业和公司,如图 1.5 所示。

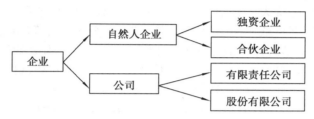

图 1.5　从资本组成形式划分的企业类型

1）独资企业（sole proprietorship）

独资企业是指由个人独资经营,归个人所有和控制的企业。这种企业在法律上为自然人企业,不具有法人资格,是历史最久、最简单的企业形式。在资本主义国家中,这种所有制形式的企业占企业总数的 70% 以上。独资企业的业主独自经营,独自对盈亏负责,对企业的债务负有连带无限责任。这类企业规模和寿命通常有限。在西方,独资企业常见于农业和零售业等。

2）合伙企业（partnership）

合伙企业是指由两个人或更多人以订立合同的方式成立的联合经营的企业。在这种组织形式下,合伙人之间的关系以及各人的权利与义务在他们订立的合同中明确规定;如果没有这一合同,则合伙人对合伙企业的利润和损失应均等分配。

合伙企业的特点是合伙人对企业债务负有无限责任,也就是说,合伙人的私有财产可作为其债权人的担保品。因此,每个合伙人都有权参与合伙企业的经营管理,并在企业所从事的业务范围内,有权作为合伙企业或其他合伙人的代理人。任何合伙人死亡、得了精神病或宣告破产,合伙企业即告结束。一些国家的法律规定,合伙企业是法人;而更多的国家则认为,合伙人与合伙企业不能分离,因此不承认合伙企业是法人。但是,合伙企业可以用其商号起诉或被诉。合伙企业一般也都是较小的企业,而且大多限于零售业。在西方,会计师事务所和律师事务所往往是合伙企业,而且有些规模相当大。较大企业中合伙经营的还有房地产业等。

3）公司（corporation）

独资企业和合伙企业都是自然人企业，而公司是法人实体，就是在法律上具有独立的人格。公司有权用自己的名义来从事经营、和他人订立合同、向法院提起诉讼或被诉等。简言之，公司作为法人，能和自然人一样成为权利的主体。公司又可分为有限责任公司和股份有限公司两种基本形式。

①有限责任公司。有限责任公司是指各股东对企业所负责任仅以出资额为限，一般由较少数股东组成的公司，亦称有限公司。公司股东既可以是自然人，也可以是法人。有限责任公司的资本数额由股东自定，并由股东全部交足，不得分期付款或向公众募集资金，也不分为若干等额的股份。一般来说，无论出资多寡，每一股东都有一票表决权。不少国家的法律对有限责任公司的股东人数做了一定的限制，不仅规定了最低人数，也规定了最高人数。同时，股东转让其股份也受到法律的限制。

②股份有限公司。股份有限公司是指通过法定程序向公众发行股票筹集资本，由有限责任股东组成的一种企业组织。股份有限公司的资本分为若干等额的股份，由股东按股认缴，取得股票，并按所持股票取得股息。股东的个人财产与公司的财产是分离的，股东对公司债务不负任何责任，一旦公司破产或解散后进行清算，公司债权只能对公司的资产提出要求而无权直接向股东起诉。公司的股份可以自由转让，其股票在社会上（主要通过证券交易所和银行）公开出售。一般来说，只要愿意支付股金，任何人都可获得股票而成为股东。股票所有人可以自由出售和转让其股票，但不能向公司退还股票索回股本。股份有限公司不会因股东变更而消失，它可以长期而稳定地存在。各国公司法一般都规定，股份有限公司必须在每个财政年度终了时公布公司年度报告，其中包括董事会的年度报告、公司损益表和资产负债表等。这类公司的拥有者和管理者一般是分离的，负责企业经营管理活动的是董事会和总经理。股份有限公司还具有股本大、资金雄厚、规模庞大、竞争力强、股东众多等特点。早在 18 世纪初，股份有限公司就出现于欧洲，到 19 世纪下半叶已在欧美得到广泛发展。目前，西方国家中的绝大多数大企业和跨国公司都采取股份有限公司的形式。

（2）从生产性质上分

从生产性质上划分的企业类型有工业企业、流通企业和服务企业，如图1.6 所示。

1）工业企业

工业企业是通过改变劳动对象，使原料变为了产品，产品的价值大于原料的价值，因而产生了利润的组织。如化工厂、冶炼厂，制造厂等，生产的过

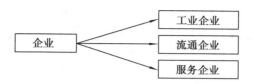

图 1.6　从生产性质上划分的企业类型

程改变了原料的性质、功能。

2）流通企业

流通企业是通过把商品从制造商或供应商提供给另一供应商或客户，从商品的差价中获取利润的组织。如商场、超市、贸易公司等，流通过程并不使商品的性质、功能改变（因商品超期等因素导致商品变质的除外）。

3）服务企业

服务企业是通过满足人们的需求而得到报酬，从而产生利润的组织。如运输行业、宾馆、餐馆、金融服务等，服务的过程并不提供商品，或不主要提供商品。

工业企业称为第二产业，流通企业和服务企业称为第三产业（第一产业是农业）。随着社会的不断进步，从事不同产业以及不同产业创造的价值正在发生变化。美国从事第一产业的劳动者占全国人口的 3%，从事第二产业的占 25%，从事第三产业的占 72%。目前，中国从事第三产业的人口仅占全国人口的 17%，但随着中国产业结构的变化，这一比例会不断提高。

1.3　生产管理

前面已经学习了什么是生产，那么生产管理究竟要做些什么？ 要认识它，要先了解管理的职能。

1.3.1　管理的职能

管理的职能，也就是管理要做些什么，可以理解为管理系统所具有的功能和职责。最早系统地提出管理的基本职能的是法国实业家亨利·法约儿（Henri Fayol）。他在 1916 年出版的《工业管理与一般管理》一书中提出管理可以分为计划、组织、指挥、协调和控制 5 项职能。后来，许多管理学者对管理的基本职能进行了研究，提出了一些不同的看法。但从总体上看，这些不同的阐述只是简繁不同，表述不一，并没有原则上的区别。现今国内外许多学者认为4项功能基本能概括管理者所做的工作,这4项职能就是计划、组织、领导和控制。管理者通过执行这4项基本职能以实现组织目标,如图1.7所示。

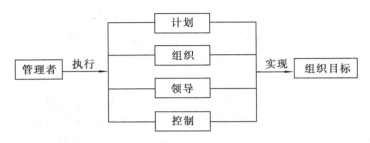

图1.7　管理的4项基本职能

(1)计划职能

计划(planning)职能是指管理者对要实现的组织目标和应采取的行动方案做出选择和具体安排,包括明确组织的使命、分析外部环境和内部条件、确定目标、制订战略和作业计划、制订决策程序等。任何管理活动都是从计划开始的,因此计划是管理的首要职能。正确发挥计划职能的作用,有利于组织主动适应市场需求和环境变化,根据组织的竞争态势,对生产经营活动做出统筹安排;有利于组织正确地把握未来,对付外部环境带来的不确定性,在变动的环境中稳定地发展;有利于使全体员工将注意力集中于组织的目标;有利于对有限的资源进行合理分配和使用,以取得较高的效率和效益。

(2)组织职能

组织(oganizing)职能是指管理者根据计划对组织活动中各种要素和人们的相互关系进行合理的安排,包括设计组织结构、建立管理机制、分配权力和资源、配备人员、建立有效的信息沟通网络、监督组织运行等。组织工作是计划工作的自然延伸,其目的是把组织的种类要素、各个部门和各个环节,从劳动的分工和协作、时间和空间的联结以及相互关系上,都合理地组织起来,使劳动者之间以及劳动者和劳动工具、劳动对象之间,在一定的环境下形成最佳的结合,从而使组织的各项活动协调有序地进行,不断提高组织活动的效率和效益。

(3)领导职能

每一个组织都是由人组成的,管理者的主要任务之一是指导和协调组织中的人,这就是领导(leading)。领导职能是指管理者带领和指挥下属努力实现目标的过程。有效的领导职能要求管理者在合理的制度(领导体制)环境中,针对组织成员的需要和行为特点,运用适当的方式,采取一系列措施去提高和维持组织成员的工作积极性。下属一般愿意服从那些能理解其思想和行为并且能满足其需要的领导者,因此,领导职能包括运用影响力、激励和沟通等。

(4)控制职能

控制(Controlling)职能是指管理者在建立控制标准的基础上,衡量实际工作绩效,分析出现的偏差,并采取纠偏措施的过程。控制职能和计划职能密不可分,计划是控制的前提,为控制提供目标和标准,没有计划就不存在控制;控制是实现计划的手段,没有控制,计划就不能顺利实现。

管理的 4 项职能是相互联系的,它们既相互依存,又各自发挥其独立的作用。虽然组织中所有管理者都要执行管理的 4 项基本职能,但处于不同层次的管理者在这 4 项职能上所花的时间是不一样的。随着管理者职位的提升,他们从事更多的计划工作和更少的直接领导工作。例如,高层管理者要花更多的时间来考虑组织的发展战略和整个组织的设计。而基层管理者则要更多地考虑如何激励下属的工作设计。这种变化如表 1.1 所示。

表 1.1　处于组织不同层次的管理者在各项管理职能上的时间分布

管理者＼管理职能	计 划	组 织	领 导	控 制
高层管理者	28%	36%	22%	14%
中层管理者	18%	33%	36%	13%
基层管理者	15%	24%	51%	10%

1.3.2　生产管理的概念

从前面内容知道,生产是由许多要素构成的,这些要素的差异使生产的效果不同。我们常常看到,生产同一种产品的不同厂家,其生产的效果(主要体现在企业的经济效益上)大不一样。有的厂家工艺技术装备水平都一样,但生产的效果却有明显的差距。究其原因不难看出是这些厂家的生产要素不同。其中主要是管理者对生产要素的组织和控制处于不同的状态,也就是说是生产管理的能力和方法的差异造成的。由此可见,生产管理对于企业的经济效益和其他工作具有显著的影响,生产管理对企业来说是非常重要的。

那么,什么是生产管理呢?生产管理是指对企业全部生产系统进行计划、组织、领导和控制,以实现生产目的,全面地提高经济效益。

1.3.3 生产管理在企业管理中的作用

生产管理是企业管理中一个重要方面,它和经营管理、技术管理等都是企业管理的内容。它们相辅相成,都是为企业最大限度地提高经济效益、社会效益服务的。

现代企业管理是一个完整的大系统,它是由许多子系统组成的。生产管理作为一个子系统,在现代企业管理系统中处于十分重要的地位。可从它和其他几个主要子系统之间的关系上来考察,如图1.8 所示。

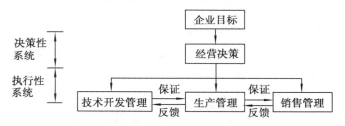

图1.8 现代企业管理主要活动系统图

从图1.8 可以看出,生产管理和其他子系统的关系及生产管理和经营决策的关系。生产管理是现代企业管理的重要组成部分,它要根据企业经营决策所确定的一定时期内的经营意图,即经营方针、目标、战略、计划的要求以及下达的具体生产任务,组织生产活动,并保证实现。从企业管理系统的分层看,经营决策处于企业的上层,即领导层;生产管理处于企业的中层,即管理层。因此,它们之间是决定和执行的关系。生产管理对经营决策起保证作用。

1.3.4 生产管理的内容

从生产管理的定义可以看出,生产管理的内容就是对生产全过程的计划、组织、领导和控制4 个方面。

生产管理的计划方面:生产什么产品? 怎样建设工厂? 建在哪里? 生产多少,怎么生产?

生产管理的组织方面:机构怎样设置? 生产人员怎样组织?

生产管理的领导方面:怎样组织、指挥、协调生产过程中的人、财、物之间的关系,使之有效发挥作用,实现正常、有序的生产?

生产管理的控制方面:采用什么样的管理方法,使生产过程得到有效控制,取得最佳效益?

1.3.5　生产管理的原则

对生产要素和生产过程的管理,其目的是提高生产的效率,也就是提高企业的经济效益和社会效益。怎样才能搞好生产管理? 企业管理者针对不同的生产要素应有不同的重点,但生产管理的普遍原则是应该遵循的。

(1)坚持市场竞争导向

坚持市场竞争导向,就是产品要适应市场的需要,同时要注意研究市场的潜在需求,开发市场,引导消费。

市场竞争导向是指根据社会需要、订货合同、市场需求预测、市场占有率来安排生产和组织生产活动,把市场作为生产的出发点和落脚点。这是社会主义市场经济的基本要求。

市场竞争导向,要有强烈的市场意识,要了解市场,研究市场,适应市场,要根据市场容量、市场占有率、市场潜力、服务对象、市场需求安排生产计划和组织生产活动。

市场竞争导向,要正确处理生产与销售的关系,既要满足销售,又要兼顾生产。生产要为销售服务,满足销售需要,这是生产的方向。要坚持这个方向,生产就必须从企业实际出发,要扬长避短,才能做到为销售服务。在处理这个关系时,要防止两种片面性:一是防止只讲为销售服务,不顾企业生产条件,如职工技术水平等;二是防止过分强调生产中的困难和条件,不愿努力改进工作为销售服务。

市场竞争导向,要不断提高生产管理对市场的适应能力,建立质量、成本、交货期等方面的竞争优势,要做好情报工作,及时掌握市场动态,开发新产品,建立雄厚的技术储备,采用弹性的生产组织方法等,以满足顾客的需要。

市场竞争导向,还要搞好产品结构调整,生产适销对路的产品,生产高附加值、高技术含量的产品。只有这样,企业才能有生机和活力。一些企业不在这方面下工夫,造成产品销路不畅,库存积压,资金占用,但又要维持企业的运转,举债经营,带来了严重的债务拖欠。

链接　C—DPS 导向系统和整体产品战略

1. C—DPS 导向系统

C—DPS 导向战略,指以顾客(C)需要为核心的开发(D)、生产(P)、销售(S)协同系统战略。这个系统强调在产品开发中,要把开发、生产、销售 3 个功能结合起来,最大限度地发挥企业的整体功能。C—DPS 导向系统的特点是:强调满足顾客需要是企业经营的核心,企业的一切活动都必须以满足顾客需要为出发点和落脚点;强调企业活动中,开发、生产、销售三者的关联性,各方面都要面向市场,形成一个多功能整体营销系统;强调在建立开发、生产、销售各分支系统的基础上,必须加强三者之间的信息沟通,在对待市场的态度上形成共识。市场营销观念主张以销售部门为龙头,以顾客需要为中心,开展市场营销活动。C—DPS 系统对市场营销观念进行了补充和发展,使之产生了新的飞跃。也就是说,不仅销售部门要树立以顾客为中心的思想,而且这种思想应该成为开发、生产、销售部门的共识;不是销售部门作为带头羊,其他部门被动地跟着走,而应该以共同的价值观为指导,共同奔赴一个目标。

为了提高企业的竞争力,目前,国内部分经营成功的企业,已把企业力量分为三三制。即三分之一流通(销售)、三分之一新产品(技术)开发、三分之一生产。为了适应社会主义市场经济的需要,我国生产企业当前特别重视组建自己的销售系统。在国内、国际目标市场中心城市建立销售机构,在可能的情况下,通过与商业、物资流通企业"强强联合",组建自己的分销网络,直接担负起产品的销售、宣传和实体配送,实现经营活动从产品生产直到最终顾客的产销高度一体化,提高企业对市场竞争的反应能力。

2. 满足消费者需求的整体产品战略

满足消费者需求的整体产品战略,指消费者需要的满足需要从 3 个层次构成的整体产品才能得以实现。传统的观念认为,产品是指一种具有某种特定物质形状和用途的物体,如手表、照相机等。现代销售学观点认为:产品是人们通过购买(或租赁)所获得的需要的满足。这种需要的满足不是靠传统产品,而是靠整体产品。

所谓整体产品,指由核心产品、有形产品和附加产品 3 个层次构成的产品,如图 1.9 所示。

核心产品是第一层次。每一产品实质上都是为了解决问题而提供的服务。从消费者角度看,首先是为了满足他的核心利益。例如,妇女购买唇膏是为了"美"的需要,而不是为了涂嘴唇的颜色。

有形产品是第二层次。有形产品是核心利益的物质承担者,也是消费者

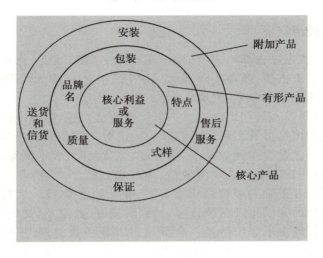

图 1.9　整体产品层次图

不同需求的体现者。如牙膏有不同的规格、质量、特点，可以洁齿或防牙病，它就是以有形产品去满足不同消费需求的。

　　附加产品是第三层次。附加产品向消费者提供附加服务和附加利益，如代客安装调试、送货上门等。

　　产品开发、生产和销售，都要以产品整体观念作为指导思想，要从 3 个层次上去满足消费者的多种需求。在满足消费者多种需求的前提下，企业也会得到更高的价值和附加价值。

　　产品在开发、生产和销售过程中，没有产品整体观念，就不能满足消费者的多种需求，企业不仅不能得到附加价值，连最基本的成本价值也难以收回。例如，美国有一家办公用具公司，生产和销售一种文具柜。由于公司缺乏整体产品观念，尽管柜子十分坚固，但销路不畅。公司经理抱怨说："我们的文具柜这样结实，从楼上摔下去也坏不了，为什么买的人这么少？"公司一位雇员一针见血地指出："问题在于没有一个顾客想买一个文具柜是为了从楼上摔下去。"这个公司只强调坚固和做工，忽视顾客对款式、结构、色调的要求，必然导致产品滞销。

　　海尔集团在激烈的竞争中脱颖而出，成为中国家电业第一品牌，其成功的第一重要举措就是不断研究市场需求，开发具有自主知识产权的更新换代产品。如近期开发了依靠静电清洗污渍的洗衣机，这种环保型产品无疑将会深受消费者青睐。

（2）追求经济效益

搞生产不能像过去那样，片面地追求产量、产值、速度，忽视品种、质量、成本，结果速度上去了，效益不理想；消耗指标上升了，利润下降了。只有讲求经济效益，才能增加积累，发展生产。

经济效益是投入与产出之比。讲求经济效益，是指以最少的劳动消耗和资金占用，生产出尽可能多和尽可能好的适销对路的产品。具体体现在生产管理的目标上，就是要做到数量多、质量好、交货及时、成本低等。

企业在生产管理中讲求经济效益，应该做到以下4点：一是要树立效益和赢利的观念，在正确的经营思想指导下，企业要会赚钱。二是要讲求综合的经济效益，全面完成生产管理目标，做到质量好、数量足、交货及时、成本低等，也就是全面地讲求经济效益。全面地讲求经济效益，要正确处理企业效益和社会效益的关系，不能只顾企业效益而忽视社会效益，更不能为了追求企业效益而损害社会效益，而应该在兼顾社会效益的前提下尽可能提高企业的效益；还要正确处理眼前或当前利益和长远利益的关系，要立足长远，兼顾当前，把两者正确地结合起来。三是要求全面地完成生产指标，制订正确的生产政策，可以有所侧重。如高级家具厂应该坚持质量第一，交货期第二，成本第三；一般家具厂，则应该成本第一，交货期第二，质量第三。全面地讲求经济效益，不等于一刀切，如强调质量第一，不是任何情况下质量都第一，质量指标应根据市场需要，该高则高，该低则低。四是采用现代管理方法，如制订生产计划要进行计划指标的优化，可采用盈亏分析法、线性规划法、投入产出法、C曲线法等；设计生产过程要运用程序研究、统筹法等；采用JIT生产方式；运用CIMS（电子计算机集成制造系统）等。

目前，为了尽快地实现"两个转变"，不少企业在创名牌、上规模经济、增加技术含量、生产高附加值产品上做文章，这是值得借鉴的。

赢利是生产的目的，要开展双增双节（增产节约，增收节支）活动，实现利润的最大化。但追求经济效益，不能只顾眼前利益，忽视长远利益，即要注意克服短期行为。我国改革开放后，在企业管理中采用过的承包制就很容易导致这种行为的发生。不少承包者在承包期内掠夺式消耗完企业资本，获得利益后却使企业陷入困境，变得满目疮痍。这种教训在现行年薪制管理的企业中应引以为戒。

（3）科学安排生产

现代生产的两大特征，一是产品供应的时效性，有的产品一周变换几个价，能否及时交货，时间关系重大；二是受外部条件的影响大，很多生产要素受外部制约较大。例如供电,在丰水期和枯水期,不但电价差别大,且供应负荷的差别也大。因此,科学地安排生产要对影响生产的各种要素进行预测、判断,做好人力、物力的各种准备,灵活及时地调整生产的节奏,包括必要的短期加班等。当然,应该尽力做好外部条件的保障,以使组织均衡生产。

均衡生产是指企业各个生产环节(企业、车间、工段、班组、工作地),在每段相等的时间(旬、周、昼夜、轮班、小时)内,完成相等或递增的数量任务,按计划均匀地进行生产和出产,保证完成计划任务,满足订货单位和社会市场的需要。

组织均衡生产是现代化大生产的客观要求,有利于建立正常的生产秩序和管理秩序,提高设备与工时利用率,保证产品质量,实现安全生产,减少资金占用,对于全面提高经济效益具有十分重要的作用。

均衡生产受主、客观因素的影响,要搞好均衡生产也应该从这两方面采取措施。但是,重点应该是从企业主观上采取措施,并努力改善外部条件。

企业从主观上要克服前松后紧的习惯,月初没活干,月末连轴转。有人形象地说这是"月初天女散花,月末夜战马超"。同时,搞好生产准备工作,搞好生产作业计划,加强生产调度工作和在制品管理,采用准时生产制。准时生产制是指企业为了保证各项订货按期交货,生产过程各工序在必要的时候,按必要的数量,生产必要产品;它是以社会需要、市场需求为依据,力求取得最大经济效益的一种新型的生产方式,也是组织生产的最高要求。

企业从客观上要努力改善外部条件,建立起比较稳定的供应渠道和密切的协作关系;保证原材料、外购件和外协件能够按质、按量及时地供应。

国外也搞均衡生产,而且要求很高。例如,日本实行混流生产平准化,每小时均衡生产,不仅产量均衡,而且品种也均衡。

(4)严格规范管理

采用现代化的科学管理方法,对生产系统生产全过程进行严格而规范的管理,从而实现文明生产、安全生产。文明近似科学,搞生产要符合客观要求。文明生产指按现代工业生产的客观要求,建立合理的生产管理制度和良好的生产环境及生产习惯,科学地从事生产活动。

文明生产包括:建立一套科学管理生产的规章制度;工厂、车间和设备布局合理,工作场地布置合理,通道合理,在制品存放、工具箱要有固定位置;工作环境清洁卫生,厂区整齐,环境美化,防污染,光线充足,温湿度适宜;养成良好的工业生产习惯,按工艺规程办事,零件运输必须要有工位器具,即放在一定位置上运输,防止落后的野蛮的生产。

实行文明生产有利于保证职工健康,提高劳动情绪和效率,创造良好的气氛,保证产品质量。它符合心理学原理,是企业搞好社会主义精神文明建设的重要标志之一。

安全生产是指为了预防在生产过程中发生人身、设备事故,形成良好的劳动环境和工作秩序而采取的一系列措施和活动。

安全与生产是辩证统一的关系。生产必须安全,安全为了生产;生产必须安全,安全必将促进生产。安全生产对于保障工人劳动的安全、防止人身和设备事故、延长设备的使用年限、提高工人劳动的积极性、促进生产过程顺利进行、保护国家和企业财产免受破坏和损失等,都起重要的作用。

企业要做到安全生产,应该把生产与安全统一起来,遵守劳动保护法规,采取各种安全技术和工业卫生方面的技术措施,加强劳动保护和开展群众性安全教育和安全检查活动,防止各种不安全因素的发生,保证安全生产。要坚持安全第一,预防为主,安全生产管理活动计划化,专管与群管相结合,保证安全生产条件,使工人在最佳状态下从事生产劳动。

当今世界上不少先进的管理理念、方法是人类智慧的结晶,管理者应从中吸取营养,不断提升自己的管理水平。

1.3.6　学习生产管理的意义

生产是工业企业存在的前提,生产管理是企业管理的重要组成部分,它要根据企业的经营方针、目标、战略、计划的要求以及下达的具体任务组织生产活动并保证生产得以实现。因此,生产管理对企业的经营决策起保证作用。生产管理搞好了,企业就可以做到品种多、质量高,而且价格便宜、服务周到、交货及时,能适应千变万化的市场需要,企业也必然能够创造较高的效益。

通过对生产管理的学习,可以知道生产管理的内容是什么,知道生产管理的好坏直接影响企业的效益和生存,知道怎样才能搞好生产管理,从而努力学习生产管理方面的一些科学的管理方法,用于生产管理的实践,最终提高生产管理的水平和能力,为企业赢得更好的经济效益和社会效益。

[本章小结]

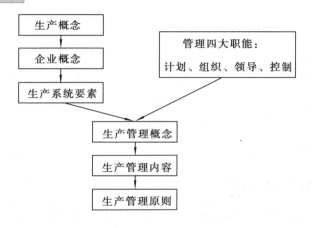

[复习思考题]

1. 什么叫生产？举几个生产的例子。

2. 在生产要素中，你认为哪些要素最重要？以自己所知道的企业为例加以说明。

3. 什么叫企业？它和行政、事业单位的区别是什么？

4. 什么叫生产管理？它在企业管理中的地位如何？

5. 什么叫 C—DPS 导向系统？它体现了生产管理的什么原则？

6. 面对一个效益低下的企业，如何提高生产管理水平？

第 2 章
生产管理的计划

【知识目标】

    1. 理解厂址选择的意义,弄清厂址选择的影响因素;

    2. 学会厂址选择的两种计算方法;

    3. 理解工厂布置优化的原则和方法;

    4. 学会量本利分析法的原理和方法;

    5. 理解生产计划的概念,学会企业内部环境分析的方法;

    6. 理解制订各种生产计划的原则和方法。

【技能目标】

    1. 通过参观了解某企业,能够结合所学知识,分析判断厂址选择是否合理,工厂布置是否优化,并提出一些改进措施;

    2. 能够应用量本利分析法进行计算,绘制盈亏平衡分析图,并进行分析判断,提出提高经济效益的措施;

    3. 通过深入某企业调查了解,看懂企业的各种计划,并能制订企业简明的生产计划或生产作业计划。

从第 1 章的学习中我们知道,生产就是把原料变为所需产品的过程。因此,生产管理首先要研究的是生产什么,怎么样来生产。也就是要确定工厂的产品是什么,用什么办法来生产,在哪儿组织生产,怎样组织生产? 这就是生产管理的第一职能——计划要解决的问题。

2.1　工厂建设

在生产要素中,有的要素是在工厂建设的过程中形成的。这些要素一旦形成,就难以改变,甚至无法改变,如生产工艺技术、设备水平。生产某一种产品可有不同的生产路线、方法,采用先进的,还是成熟的,或落后的,对于生产的效果有直接的影响。因此,新建工厂或改扩建工厂时必须高度重视这些生产要素,否则,工厂可能就会先天不足,建成投产后的生产可能举步维艰,甚至未投产就倒闭。这样的例子不胜枚举,尤其在计划经济时代更为明显。

2.1.1　产品选择

如何生产社会所需要的产品,从而产生经济效益,这是许多经济实体,如大企业、大企业集团经常思考的。生产什么产品是生产要素中首先要确定的,不然就不存在后续的如建设工厂等一系列工作了。因此确定产品至关重要。

如何确定产品? 当然首先要考虑效益、利润,接下来要考虑的问题如图2.1 表示。

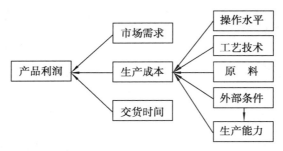

图 2.1　确定产品的因素

产品的市场需求调研方法很多,如从行业、国内外市场的供应、销售量的发展走势来调研。但很多产品却不是这么容易调研得到的,需要考虑产品如何才能适应市场,市场该如何进行开发。产品选择是企业经营决策的重点,对于生产管理,重点是生产过程的管理,因此在这里不做重点介绍。

案例 2.1 挖金买水的故事

这是一个经典的故事,成千上万的人来到金矿挖金子,他们每天都付出了艰苦的劳动,只有少数人能如愿以偿,大多数人并不幸运。但不管是成功的人,还是失败的人,他们在劳动过程中都需要饮水。于是一个智者放弃了挖金矿,以为挖金矿的人提供极其平常且廉价的饮用水来获取利润。几年下来,这位智者成为了一个富有的人,而许多挖金矿的人仍然一贫如洗。

案例 2.2 世界上租金最贵的旺铺卖什么

据报道,世界上租金最贵的旺铺位于香港铜锣湾,租金高达每月每平方米数万港元(2003 年为 4.8 万港元)。该商铺位于铜锣湾的交通枢纽地带,地面是许多路公交车的交汇点,地下是地铁的出站口。该地带人流较大,但很多只是匆匆过客。试问,这样的旺铺能卖什么?

聪明的经营者卖的主要是小食品,如现榨的果汁、饮料等,这些小食品正是那些经过这里准备换乘交通工具的上班族行人所需的。行人如果能在这里很方便地买到所需的小食品,他们当然会非常乐意。因此,该商铺尽管没有精致的装修,生意却十分红火。

上面两个案例虽然是经营和服务方面的,但是开发市场和适应市场的思想却是生产管理者在开发产品时应该借鉴的。这两个案例都充分体现和运用了市场规律:

$$市场 = 人口 \times 购买力 \times 购买欲望$$

产品的设计应该充分考虑所面向市场的人口、购买力、购买欲望 3 个要素,这样才会使产品在市场上具有竞争力。

2.1.2 厂址选择

(1)厂址选择的意义

厂址选择,是指确定工厂坐落的区域位置,包括在哪个地区设厂和在此区域内选择一个适当的地址两个方面。不同的厂址选择,会对企业产生 3 个方面的重要影响。

①影响企业初建时的投资数额和建设速度。同样生产能力的工厂,建在中等城市,其投资数额要比建在大城市小得多,但建设速度可能较慢。

②影响企业建成以后的厂内布置和企业的发展前景。依山傍水的企业往往有充足的水源供应,但运输路线可能不够平坦,企业发展也可能受厂区空间的限制。

③影响企业建成后的成本费用。建于东南沿海的企业运输费用可能较小,但需负担较高的劳动力成本;设立在老、少、边、穷地区的企业则可以得到减免税优惠。

选择工厂设立的地区必须将自身的生产和销售条件与本地区经济条件联系在一起,精密计算生产成本并预测未来的趋势后方可决定。一旦选址错误,将工厂建于不利条件的地区,则大错铸成,永久难于补救,因为企业的固定资产很难转移,由此会引起原料、工资、运输等费用增加,销售成本也随之增高,成本高,售价必贵,缺乏竞争优势,一旦遇到市场环境的波动,则倒闭之命运在所难免。因此,厂址选择可以决定企业的成败,对于任何规模和类型的企业来讲也概莫能外。

(2)厂址选择应考虑的因素

工厂建设地点是否得当在很大程度上决定了生产成本,因此,建设地点的选择非常重要。影响工厂建设地点选择的因素很多,在选择时应做出综合评价,如图2.2所示。

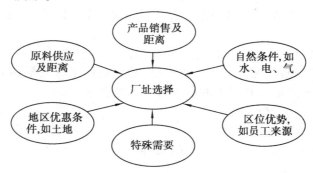

图2.2　影响厂址选择的因素

厂址选择的可能位置有都市、乡村、郊区、工业区或加工区,一般应考虑如下因素:

1)主要条件

①工人供应条件。高等技术工人对厂址一般无影响,平常工人报酬少、流动性小的工业;则应建于人口稠密的地区;技术工人,以接近人口多的城市为宜。

②接近原料条件。必须考虑原材料的产地及运价、市场供应条件等,要

考虑是竞争性市场还是垄断性市场,有无替代品等。

③市场接近及交通运输条件。工厂接近市场,有信息灵通、便于推销以及运费低等优势,货物运输的能力也比较重要,如珠宝、贵重衣料、精美家具、化妆品等,重量较轻而负担运费较高。可以运到较远市场的,厂址不必接近市场。在交通运输条件方面,原材料和产品外运量大的企业应特别予以考虑。

④燃料及能源供应条件。生产流程上对燃料及能源耗费量大的企业,厂址选择应尽可能接近燃料及能源供应地。

2)次要条件

①纳税问题。

②法律问题。

③用水供应。包括饮用水和工业用水。如酿酒、染布等企业,均需好的水质,因此,必须考虑用水条件。

④气候条件。例如,湿度、温度、气压、风力、风向、年降水量等是否能满足企业生产的要求,职工能否适应等。

3)其他条件

①地区问题。厂址可分为乡村厂址、市郊厂址、城市厂址3类。厂址选择必须考虑有无空地,能否满足扩张的要求等方面。

②环境设备。如下水道、电力电线、自来水、煤气供给、街道铺设、运输条件等。

③地价负担。大规模工厂不宜建在城市。

④地势与地质状况。地面是否平整,地势高低平坡关系到工厂的建设成本,地质是否能满足未来设施的载重等方面的要求。

⑤环境保护要求。

⑥职工的生活、医疗条件。

⑦开展教育、科研和生产协作的条件。

⑧劳动力来源。

⑨建厂的投资费用。

⑩可扩展性。

影响厂址选择的因素很多,必须系统考虑,具体考虑因素如表2.1所示。

表 2.1　影响选址决策的因素

选择国家	1. 政府政策、态度、稳定性及鼓励措施 2. 文化和经济问题 3. 市场位置 4. 劳动力供给、态度、生产力、成本 5. 生产供应能力、通信、能源情况 6. 汇率
选择地区	1. 企业目标 2. 地区吸引力(文化、气候、税收等) 3. 劳动力供应、成本等 4. 公用设施的成本和供应 5. 所选地区的环境管理措施 6. 政府优惠鼓励性措施 7. 距离原材料产地及消费者的距离远近 8. 土地/建筑成本
具体位置决策	1. 场所的大小和成本 2. 空运、铁路、高速公路、水路系统 3. 分布格局约束条件 4. 距离所需服务/供应设施的远近 5. 环境影响因素

(3)不同地区建厂的优劣势分析

1)建于乡镇的工厂

建于乡镇的工厂优势表现在:工资较低,工人容易管理;地价低廉,容易获得建设用地;限制条件少;税负较轻。缺点是:交通运输不便;资金周转调度不便;需要自行建设社区,费用较高,如宿舍、学校、医院、娱乐场所等;远离销售市场,信息比较闭塞。对于大规模占用场地、发展较快、独立性强的企业宜建在乡村。

2)建于都市的工厂

建于都市的工厂优势表现在:城市人口集中,剩余劳动力多,便于工厂对劳动力的选择;城市的水陆交通便利,原材料和产成品的运销较乡镇方便;公路、煤气、电力、排水、火灾防范等设施较为完善;便于融通资金。缺点是:污染严重的企业不宜建在城市;工人的工资普遍较高;地价昂贵,不易扩大发展。造纸厂、占地较大的工厂不宜建在都市。

3）建于郊区的工厂

郊区是指大都市之外围区域,通常地价比都市低,交通比乡村便利,故可兼具都市与乡村之优点而无都市与乡村的缺点。它享受到大城市的优点是劳动力供应充足并接近消费市场,享受到乡镇的优点是地价便宜和税负低,企业可获得多种便利并减轻若干负担,员工可享受到较好的生活环境,孩子上学及娱乐均无影响。因此,工厂厂址的选择通常以郊区为宜。

厂址的选择是一个十分复杂的问题,既要考虑国家的产业布局政策,又要注重企业的经济效益,而且不能损害社会公共利益。这是一项对企业、对国家、对社会都会产生深远影响的工作。要尊重客观规律,认真研究,开展可行性分析,按照有关规定做好建设的前期工作,尽量不占或少占良田,在不损害国家和社会利益的前提下,力求达到企业建设投资费和生产经营费之和最小的目标。

（4）厂址选定后投资前应注意的问题

厂址选定后,在正式投下大量资金设厂之前,应当做比较详细的投资分析或可行性研究(investment analysis or feasibility study)。

1）行销可行性分析

主要目的在于预测未来本投资方案存续期间每年的销售量、销售价格以及销售收入。

2）技术可行性分析

目的在于决定行销可行性之后,本企业是否有此工程技术能力来履行将来的生产供应任务。

3）制造可行性分析

目的在于分析本企业在实际制造作业上是否具备供应所需产品品质及数量的能力。

4）利润可行性分析

目的在于比较分析未来历年的投资报酬率是否高于企业所要求的标准,若是,则本投资方案可行;否则,应放弃本方案。

5）财务可行性分析

目的在于考察本方案存续期间,本企业是否有力量来筹得所需要的资金,若是,则本方案可行;否则,否定本方案。

6）投资环境的再分析

本步骤是在前面分析厂址选择各种因素的基础上,进一步分析所掌握的投资环境资料是否有大的变动,是否符合所选定地区经济社会发展的实际,假使投资环境资料无多大差异,本方案可行;否则,应停止。

[案例启示]

案例2.3 炼油厂建在哪儿？

由于我国经济的快速发展，国内对成品油的需求量也在不断增加，为改变西南地区石油储量少，炼油企业不多，成品油大量由外地供应的局面，国内某大型企业拟从世界产油国购进石油，通过东南亚国家短距离输送到西南地区加工，这就需要建设一个大型炼油厂。目前这个项目正处在前期论证阶段。此阶段对把炼油厂建在四川，还是建在云南；建在昆明附近，还是建在边境附近的问题尚无定论，因为这几个地方都各有利弊。但不管建在哪个地方，都会对当地经济发展起到巨大的推动作用。

不少地方政府获悉此消息后，纷纷主动与项目建设者联系，给出优惠条件。此时，项目建设者除考虑这一因素外，还需考虑在不同地方建厂的利弊。从大范围讲，在云南建厂原油输送距离短，投资少，今后生产成本中原料运输费用低；而在四川建厂则今后产品和附产品的销售市场大，运距短，而且四川有石油、天然气生产的基础，自然条件和区位优势明显。上面这些因素都是建设者应充分考虑的，加以综合平衡后才能决定将炼油厂建在哪儿。

案例2.4 深圳为何发展快？

深圳被中央列为经济特区20多年来，深圳人抓住机遇，敢为人先，经济社会迅猛发展，已由一个小渔村变为了一个常住人口达400多万人的大城市。改革开放以来，深圳特区发挥毗邻香港的优势（深圳罗湖口岸至香港市中心仅40分钟火车车程），利用中央给予特区的有关减免税收的政策，招商引资，从一开始吸引港商、外商在深圳搞来料加工，投资建厂，到后来发展成为金融、高科技产业等为龙头的现代化城市。

深圳发展迅速的重要原因之一就是其地理上的区位优势。香港作为购物天堂，是商品的集散地，外来加工、转口贸易量非常巨大。港商在深圳设厂，既可稳定发展，又可利用廉价的劳动力。原料供应、产品交货如同在一个城市般方便快捷，因此港商、外商肯定乐意在深圳开店建厂。这些明显的区位优势促进了深圳的飞速发展。从本案例中可以看出，对建厂地区的选择除应考虑自然因素外，还应充分重视当地经济社会条件。

链接 厂址选择的计算方法

合理选择厂址，一定要运用科学的方法。本书介绍两种常用的厂址选择方法。

1. 损益分歧点分析法

它是一种财务方法。它通过计算不同厂址在相同计划年产量下，损益分歧点产量的大小来选择厂址。损益分歧点产量最小的方案是最优方案。

[例1] 某企业投资生产某种产品，计划年产量20 000件，有甲、乙两个厂址可供选择，有关资料如表2.2所示。

表2.2 厂址选择(损益分歧分析法)

项 目	单 位	厂 址	
		甲	乙
总成本	元	380 000	420 000
可变成本总额	元	228 000	294 000
固定成本总额	元	152 000	126 000
计划年产量	件	20 000	20 000
单价	元/件	20	20
单位产品可变费用	元/件	12	14
盈亏平衡点产量	件	19 000	21 000

由计算结果可知，如在乙地办厂，年固定成本可节约26 000元，但是，由于单位产品变动成本比甲地高出2元，造成乙地建厂的损益分歧点产量比甲地高2 000件。这表明，如在乙地建厂，较甲地更难实现赢利。事实上，若按计划年产量20 000件组织生产，则在甲地建厂每年可获利润20 000元，而在乙地建厂每年亏损20 000元。因而，应选择在甲地建厂。

2. 分等加权法

这种方法是列出管理者认为应该考虑的影响厂址选择的因素，并视其重要程度给予相应的权数。常用的确定权数的办法有两种：①百分制法，即先令所有影响因素的权数之和为100，然后根据各因素的重要程度分解分配，给定各因素的权数。②定1法，即先令影响因素中最不重要的一种权数为1，其他影响因素和该种影响因素做比较，根据其相对重要程度给定权数。确定了各因素的权数以后，对不同的厂址选择方案分别就各因素打分，最后计算各方案的权分和，权分和最高的方案就是最优方案。

分等加权法的工作步骤为：①列出影响因素，根据影响力强弱为其规定权数。②规定评价标尺，并为各因素定级。③计算得分。④汇总选优。

[例2] 有甲、乙、丙、丁4个可供选择的厂址方案，其考虑因素的权数和各方案的分值资料如表2.3所示。

表2.3　厂址选择(分等加权法)

影响因素	权　数	可供选择的方案			
		甲	乙	丙	丁
地理条件	7	2 / 14	3 / 21	4 / 28	1 / 7
气　候	3	3 / 9	2 / 6	3 / 9	1 / 3
交通因素	6	2 / 12	1 / 6	3 / 18	2 / 12
资　源	7	1 / 7	2 / 14	4 / 28	3 / 21
能源供应	8	2 / 16	3 / 24	4 / 32	2 / 16
水　源	5	2 / 10	2 / 10	4 / 20	1 / 15
排　水	5	2 / 10	3 / 15	4 / 20	1 / 5
扩展余地	2	1 / 2	3 / 6	2 / 4	4 / 8
环境保护	4	1 / 4	2 / 8	3 / 12	4 / 16
安　全	3	3 / 9	3 / 9	4 / 12	1 / 3
生活条件	6	2 / 12	3 / 18	4 / 24	1 / 6
协　作	4	2 / 8	3 / 12	4 / 24	1 / 6
劳动力来源	5	1 / 5	2 / 10	3 / 15	2 / 10
产品销售	3	3 / 9	3 / 9	4 / 12	1 / 3
料　场	1	3 / 3	4 / 4	3 / 3	4 / 4
投资费用	6	2 / 12	3 / 18	4 / 24	1 / 6
总　计		142	190	277	148

在本例中,我们用定 1 法给定权数,先确定料场的权数为 1,再根据相对重要程度给定其他因素的权数,由分值和权数的乘积计算得出各方案的权分和。其中,丙方案的权分和最高,因而是最优方案。

[例 3] 某厂有 4 个候选厂址,10 个影响因素,应用分等加权法选址,如表 2.4 所示。

表 2.4　分等加权法选址

影响因素	权数	候选厂址 A	B	C	D
劳动力条件	7	2 / 14	3 / 21	4 / 28	1 / 7
地理条件	5	4 / 20	2 / 10	2 / 10	1 / 5
气候条件	6	3 / 18	4 / 24	3 / 18	2 / 12
资源供应条件	4	4 / 16	4 / 16	2 / 8	4 / 16
基础设施条件	3	1 / 3	1 / 3	3 / 9	4 / 12
产品销售条件	2	4 / 8	2 / 4	3 / 6	4 / 8
生活条件	6	1 / 6	1 / 6	2 / 12	4 / 24
环境保护条件	5	2 / 10	3 / 15	4 / 20	1 / 5
政治文件条件	3	3 / 9	3 / 9	3 / 9	3 / 9
扩展的余地	1	4 / 4	4 / 4	2 / 2	1 / 1
		108	112	122	99

运用分等加权法分析之后,C 方案为本厂最优选址。

应该指出的是,这两种方案各有优缺点,损益分歧点分析法以科学的计算为依据,客观性强,不易受个人意见的影响。但是,损益分歧点分析法要求对产量、单价、固定成本总额、单位变动成本进行准确的调查、预测和估计,这往往是很难做到的。分等加权法资料来自于估计和判断,容易取得,但主观性强,很容易受个人偏好的影响,有时甚至导致盲目决策。为了减少决策中的盲目性,在使用分等加权法进行厂址选择时,最好成立由专家、企业领导、职工、技术人员、政府有关人士组成的委员会,确定各因素的权数和各方案的分值,力求做到客观公正。

2.1.3　工厂设计的优化

(1)工厂布置的意义

1)工厂布置的概念及地位

工厂布置是一项实际的安排和设置,由分析、计划、实施的一贯作业来完成。工厂布置通常被认为是新工厂设立时的工作。其实,对于已经存在的工厂为配合新生产过程或添置新机器,对现有工厂重新进行的"工厂布置"尤为重要。即使对于工作区域的通盘研究也须借助工厂布置。

狭义的工厂布置,仅仅是指单一工厂厂房的布置,而广义的工厂布置包含的范围极为广泛,包含了整个工厂布置,涉及物料的搬运、接收,成品的搬运与交货以及销售路线等。因此,工厂布置是对工业设备进行实际具体的安排,是就机具安排、操作过程、个人活动空间适当配合,对物料搬运与储存,对直接生产人工和辅助劳务空间等做最妥善的安排和布置。

工厂布置是由原料的接收到成品的装运的全过程中将人员、机具、物料所需要的空间进行最适当的分配,并使其进行最有效的组合,以期获得最高的经济效益。

昔日家庭式工业与小型手工业、旧式的工厂业主,仅凭一己之经验和直觉判断来管理工厂事务。近代以来,由于经济发展,消耗增加,密集的大量生产乃必然趋势;行业竞争激烈,业务日益扩展,企业与外界关系日益密切,各工厂之间需密切配合,单一企业中的科学化管理日益重要;机器设备不断增加,厂房扩大,由半自动转变为全自动生产系统,若不进行科学的布置,必然造成拥挤、堵塞、退逆等现象;物料搬运因之而往返复杂,交叉迂回,浪费人力、物力、财力,增加产品成本,且在工作区域,散乱布置设备,极易肇事,发生灾害,后果不堪设想。工厂布置的目的在于消除上述不合理事项。

因此,工厂布置乃工厂管理的神经脉络,布置不妥犹如神经脉络紊乱,必导致工厂生产停滞,管理无法健全。良好的工厂布置,可促进工厂管理,获得经济效益,从而产量增加、成本降低、利润提高,达到企业繁荣的目的。

工厂布置在企业管理中的地位主要表现如下:

①工厂布置是工厂管理中的神经脉络,有了神经脉络的运行指挥,生产

器官才能按秩序运行。

②工厂布置是工厂管理的前提和先驱,必须有良好的前期安排,然后才能谈得上科学化管理。

③工厂布置是工厂改变体质,更新机能的营养剂,能促进工厂的新陈代谢,更新工厂布置,合理化调配空间,可使体质衰弱的工厂变为生产机能旺盛的工厂。

2)工厂布置的作用与时机

①工厂布置的作用。工厂布置的作用表现在具有促进产品精良(P),增加产品产量(Q),合理化例行程序(R),提供适当的支援劳务(S),节省流程时间(T)等功能。工厂布置的作用表现如下:

A. 在经济效益方面,合理调配工厂区域空间,使生产流程流畅,达到精细舒畅之空间利用,也可节省经费,达到较高的经济效益。

B. 在生产效率方面,顺畅的物料流程设计,有利于消除物料搬运瓶颈,以免发生"停滞"、"倒退"等现象,物料流畅,货运快捷,能够舒畅生产空间,提高生产效率。

C. 工厂布置不仅是工厂管理的先驱和神经脉络,而且更具有机具维护、厂房保养等经常性养护功能,以及厂房扩大、更新等新陈代谢的作用,能够改善工厂的体质。

D. 良好的生产性作业、非生产性作业以及行政管理等区域分配,可以促进生产人员安全、身心愉快、费用经济、增加管理效能。

E. 在工作环境方面,布置得体,康乐休息均能定时定所,饮食卫生清洁,厂区美化犹如花园,污染废气、噪音、污水均有防治,能够创造静怡的工作环境。

工厂布置的状况对企业的长远发展会产生巨大的影响,二者之间的关系如图2.3所示。

图2.3　工厂布置与企业成功之间的关系

②工厂布置的时机。工厂布置是增进工厂机能的手段,也是必经之过程,但在何时进行,实有研究之必要。一个曾经为最新式的工厂,而今看起来

却落伍了,这主要是工厂的设备随着时代的进步而演进,按照工业循环法则,跟着动态社会周而复始地循环着,由计划—组织—控制—协调—改进—计划这样循环,因此,新工厂不跟着时代采用新方式的布置或旧工厂不更新布置都无法适应需要。工厂布置的时机有如下几种情况:

A. 设立新厂时,必须实施工厂布置。这也是最方便实施的时机,可以自由设计出一套最有效的布置,布置设计完成后再去计划容纳布置的厂房,虽然限制少,但影响到今后工厂的发展,因此,必须集中布置工程师和许多专家共同磋商,集思广益,使工厂日后得以顺利发展。若草率行事,一旦发生纰漏,想重建整顿,时间与金钱上的损失均是不可弥补的。

B. 产品改变设计时。产品零件设计有所改变,则生产程序和作业必须改变,需要重新工厂布置,布置范围视产品或零件改变程度和性质而定。

C. 增加新产品时。因原有生产机具不足以使用,则必须按新产品需要增加设备或改变设备。

D. 扩充或缩减生产车间时。在特殊情况下,某一零件或产品的数量必须扩充时,原有的生产设备不足以应付,发生了生产瓶颈,为了消除此阻碍,若需扩充增加产量甚多,则需完全重新布置。

E. 改变生产方式、增添生产设备时,也须重新布置。例如,汽车制造厂就经常改变车型,则生产线上机具布置须跟着变换,须重新布置。

F. 工厂若遇到下列反常情况时,也须重新布置。原布置不适合新的生产方式,如直线形生产方式;建筑物陈旧,有危险或不适合需要的;新设计的生产程序改变;库存控制发生困难;新增防污、防震、防噪音等设备时;工厂安全通道须增加时;生产场所不够使用;搬运物料有停滞、拥塞、倒退等现象;物料流程阻塞,生产过程发生瓶颈现象;生产耗费过长时间;室内空气、温度、光线不符合需要,容易发生危险;物料的储藏和成品的运输发生阻碍时。

(2)工厂布置的目的及应包含的系统

1)工厂布置的目的

①形式上的目的:

A. 使工厂外观上布置美观,使员工、来宾、顾客等赏心悦目,印象良好。

B. 有秩序地安排,整齐清洁,使人们对工厂产生科学化、合理化的观感,连带地对其所生产的产品产生信赖,乐于采用,兼收广告之效应。

C. 工作环境布置得整齐美观,会激发员工愉快的心情,也有利于招来新的顾客及应聘的新员工。

②实质上的目的:

A. 能够简化工作程序,在生产过程中力求便捷,顺利进行,不产生阻碍。

在工作区,适当的位置安排生产机具,使原材料及在制品能流畅进行,使生产流程达到最直接简短之目标。

B. 设计改良工程技术,务使前后单位工作衔接紧密,产品易于识别计数,以免产品零乱地堆积在工作生产现场。

C. 研究和改良供应物料的机具和路线,能够使各环节的生产工序有科学而便捷的路线可循,避免不必要的迂回曲折,使厂内物料供应系统不发生等候、停滞、拥塞、倒退等现象,减少各种浪费。

D. 在物料的搬运方面,力求短捷、快速,并尽量避免倒退交叉现象的发生。

E. 能够缩短工作时间,使在制品维持高度的周转率,使生产流程的时间最短,可以节省人工、物料以及各种费用,以达到最高的经济效益。

F. 在空间利用上力求有效利用,在工厂有限的空间中,要使每一块空间都得到充分利用,不可闲置空旷,并能够有效地利用各种设备。

G. 保持机器与人力操作之间的平衡,避免劳逸不均,不可令其负荷过重,也不可闲置无事。尽量减少人员长时间走动。

H. 良好的工厂布置可减少原料存量,消除公害的发生。因工作程序的合理化,完成每件产品所需时间和厂内在制品(work-in-process)可以减少,因而库存物料的存量标准也可降低。

I. 使员工在工厂中得到舒适、安全、方便的工作环境,能够提高职工情绪。有了良好的工厂布置,对于厂内照明、温度、空气等调节和供应系统、安全通道、消防设备、医疗服务等均需一应俱全,除了防止人员受伤外,也能避免机具受损。良好的布置可以使厂内秩序井然,使员工产生愉快感,减少员工的疲劳,既能使员工在工作中有安全感,提高了安全性,又能避免许多无谓损失。

2)工厂布置包含的系统

①生产作业系统(包含设备名称、种类、数量;生产区域的作业空间与面积;布置形式、生产程序等)。

②厂内物料搬运系统(包括物料流程的接收、检验、储藏、保管等;维护设施;非生产单位的设置及设备)。

③后勤服务系统。

④动力系统(包含动力种类、负荷量;动力路线分布等)。

⑤防污、防震、防噪音系统(空气调节设备;空气净化和废弃物处理;噪音控制等)。

⑥照明系统(采光原则;照明区域分布;光源和光亮)。

⑦水源系统(水源的来源;水管分布;废水处理)。

⑧安全系统(紧急进出通道设施;警告设施和警报设施;防火设施;防盗设施)。

3)工厂布置应考虑的因素

①工业的类型。工业可分为连续性工业(continuous industry)、装配性工业(assembly industry)两大类,不同类型的工业,均应有其不同的厂房布置方式。

②劳工的类型。劳工的体能不相同,则设备也不相同。例如,雇用女工时,则休息室、更衣室、浴室等所占面积较多,在布置时应当考虑。

③操作方法的类型。工业的操作,可分为各种不同的类型,因此工作者所需的空间也不相同,工厂的布置自然也不相同。

④产品的形状与体积。工业产品的形状有固体和液体之分,体积有大小之别,因此对原料及产品的搬运设备与工具,也有不同的选择与运用,对厂房布置也会产生影响。

⑤生产量的大小。生产量的大小影响所需工人人数及机器的生产能力,同时也影响生产制造的类型,故影响工厂布置的形成。

4)良好工厂布置的标准

良好工厂布置的标准如表2.5所示。

表2.5 良好工厂布置的标准

主要项目	标准内容
总目标	最低成本,获得最大利润的生产过程
型式	1. 能按预定设计和布置厂房 2. 型式合用,尽可能合于直线型 3. 环境易于调整、改变,富有弹性,易于扩充 4. 便于管理
生产程序	1. 各项作业须能连续性连在一起 2. 预计生产时间准确 3. 生产顺序易于安排 4. 生产效率高,在制品少 5. 品质好,能够减少检验次数

续表

主要项目	标准内容
物料流程	1. 便于规划物料搬运路线 2. 搬运路线最短 3. 作业单位间应为最少往复搬运 4. 多用机器设备搬运，少用人工 5. 流程中达到最少的等候和停滞现象 6. 工作区域顺畅，无倒退、重复之现象 7. 便于装卸物料 8. 物料之接收、储藏、搬运、仓储、运送能达到连贯，方便作业，位置适当 9. 若一定需人工搬运，可由生产工作人员直接处理，优于另用工人
其他	1. 厂内环境有秩序安排、美化，行政单位便于联系 2. 防污、防震、防噪、防火等均设置良好 3. 照明设备和动力系统位置适当，便于使用 4. 水源有机动充分的储藏应急设置 5. 通道笔直、鲜明、通畅 6. 停车坪、草坪、花圃等都有良好的布置 7. 厂内搬运、交通路线与厂外运输路线接续良好 8. 污水处理和下水道配合合理 9. 休闲运动区域布置适当的器材

[案例启示]

案例 2.5　阳极块成型大楼的设计

　　云南某电解铝厂的辅助车间需生产阳极块，阳极块在焙烧成型前需要把物料混匀、烤干，并压实成型。其工艺流程可用图 2.4 表示。

　　对这一工序，若设计者能充分利用该厂地势有较大落差的有利条件，可做另一工艺流程设计，将原设计做进一步的改进，如图 2.5 所示。

　　如果能够做这样的改进，使物料从高位流向低位的过程中压实，不但可以减少建厂时高楼的建设费用和设计的投资，还可以在投产后减少大量的提升设备运行的电力消耗和设备维护费用，从而大大降低生产成本。

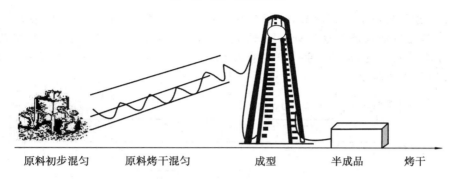

| 原料初步混匀 | 原料烤干混匀 | 成型 | 半成品 | 烤干 |

图 2.4　阳极块成型工艺流程示意图

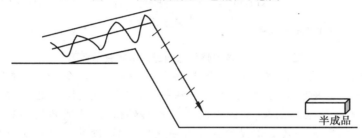

半成品

图 2.5　阳极块成型工艺流程局部改进图

案例 2.6　某湿法冶炼厂的总图布置

这一工厂的总图布置(见图 2.6)充分利用了山坡的有利地形,湿法冶炼中的物料从高处顺流而下,许多工序只要打开闸阀,溶液便可自己流下,这比在同一水平面布置厂房减少了生产时许多动力的消耗,因而节约投资和运行成本。充分利用地形是厂址选择的一个重要原则。

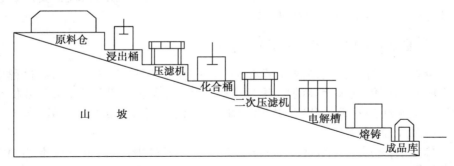

原料仓

浸出桶

压滤机

化合桶

二次压滤机

电解槽

熔铸

成品库

山　坡

图 2.6　某湿法冶炼厂总图布置

案例 2.7　某湿法冶炼厂的原料过磅房布置

云南一大型有色金属企业,自身拥有丰富的矿山,但在新建大型冶炼厂时,总图布置却出现严重失误,原料的过磅房设在了厂大门口,原料过磅后又通过厂大门进入原料仓。此设计造成了厂大门口车辆拥挤不堪,秩序混乱,有时甚至无法通行。这对一个投资几亿元新建的大型企业来说确是一个败笔,如图2.7所示。

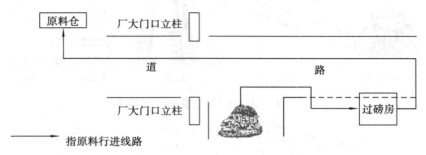

图2.7 某湿法冶炼厂原料过磅房布置示意图

原料过磅房是原料供应的一个重要岗位,那里车流集中,不应设计在人流、物流、车流密集的大门口,否则集中在一起,必然造成物流混乱、无序,效率降低,留下事故隐患。因此,在设计时应使原料的供应、物流的线路和厂区大门及主干道互不影响。只要掌握了物流有序这一原则,设计是很容易做好的。

2.1.4 生产经济规模

新建和改扩建工程要确定生产规模,从而确定设备的生产能力,才能设计厂房和车间。生产规模多大为好呢?这要根据企业的利润目标及其可能来定。企业的生产经济规模分析计算方法较多,其中常用的和较重要的是量本利分析法(又称盈亏平衡分析法)。

(1)量本利分析法(盈亏平衡分析法)

量本利分析法实质是盈亏平衡分析。这种方法找出了生产、销售过程中生产成本和销售收入之间的关系,并把它们绘制成盈亏平衡图,从而分析企业处于赢利还是亏损的状况,并根据情况采取改进措施,提高经济效益。

1)几个基本概念

总成本(Z)指生产某种产品需要支付的所有费用,它由可变成本和固定成本组成。

可变成本指生产某种产品随着产量变化而变化的需要支付的费用。如原料费、水电费等。生产的产量越高,它的消耗越多,需要支出的费用就越高,反之同理。因此,可变成本 = 单位变动产品成本(V) × 产量(X)

注：单位产品变动成本即生产每吨产品或每件产品需要支付的可变费用，当生产的产品全部卖出时，产量＝销量。

固定成本（C）指生产某种产品时不随产量变化而变化，需要固定支付的费用。如银行的贷款利息、房屋、设备的折旧。无论企业生产多少吨（件）产品，这些费用都是不会变化的。

销售收入（I）指销售产品后获得的收入。

$$销售收入（I）＝销售数量（X）×销售单价（S）$$

利润（P）指销售收入扣除总成本后剩下的收入。

$$利润（P）＝销售收入（I）－总成本（Z）$$

2）量本利之间存在的关系

$$Z = C + V \times X$$
$$I = S \times X$$
$$\begin{aligned} P &= I - Z \\ &= S \times X - (V \times X + C) \\ &= S \times X - V \times X - C \\ &= X(S - V) - C \end{aligned}$$

3）盈亏平衡图

把销售收入与销量的关系、成本与产量的关系在一个直角坐标系中反映出来即可得出。

在图2.8中，固定成本是不随销量（产量）变化而变化的，因此，它是一条水平线。可变成本是随着销量（产量）变化而变化的，因此，总成本是在固定成本基础上的一条斜线。

销售收入是随着销量（产量）的增加而增加的，没有销售时，销售收入为零，因此，销售收入是通过原点的一条斜线。

4）盈亏平衡点

盈亏平衡点指销售收入与总成本相等时的销量（产量），此时企业不盈不亏，因此这个点又称保本点。此时，如增加销量（产量），则产生利润，如图2.8所示。

盈亏平衡时，$I = Z$，即 $S \times X_0 = C + V \times X_0$

$$X_0(S - V) = C$$
$$X_0 = \frac{C}{S - V}$$

［例4］　某企业产品销售价为10万元/台，单位变动产品成本为6万元/台，固定成本为400万元，求临界产量为多少？临界产量的销售额为多少？若计划完成200台能否赢利？赢利额是多少？

实用生产管理

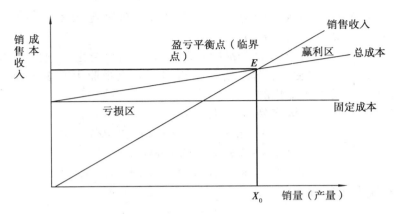

图 2.8 盈亏平衡图

解:临界产量为

$$X_0 = \frac{C}{S-V} = \frac{400\,万}{10\,万/台 - 6\,万/台} = 100\,台$$

临界产量销售额为:$100\,台 \times 10\,万/台 = 1\,000\,万$

计划产量为 200 台,大于临界产量 100 台,因此能赢利。

赢利额为 $I - Z = X(S-V) - C$

$$= 200\,台 \times (10\,万/台 - 6\,万/台) - 400\,万 = 400\,万$$

(2)量本利分析法的用途

1)决定新建项目或改扩建项目的生产规模

设计时可推算其临界产量,从而确定项目的最低产量。再根据建设条件(如资金等)决定生产规模。因临界产量时,盈亏平衡,赢利为零,此时:

$$P = I - Z = X(S-V) - C = 0$$

则

$$X = \frac{C}{S-V}$$

因此,只要预测出生产产品所需的固定成本 C 和单位变化产品成本 V 以及产品的销售单价,就可以算出临界产量。

2)选择新建项目或改扩建项目的厂址

因为在不同的地点建厂,其原料供应距离的成本、水电的成本、建厂时工程建设(建盖厂房)的投资不同而造成建成后的固定成本变化等因素都会影响投资的效益和建成后的经济效益。对此,可用量本利分析法进行对比,即可进行选择。

[例 5] 某企业决定扩大生产能力,可选择的甲厂址是在原厂址基础上

扩大生产能力,乙厂址是在某地建新厂。假设这两个厂址在其他方面的条件大致相同,而生产经营的相关费用不同,这里即可用量本利分析法确定厂址,如表 2.6 所示。

表 2.6　运用量本利分析法进行厂址选择表

项　目	单　位	厂　址	
		甲	乙
总成本	元	398 000	414 000
可变费用总额	元	240 000	260 000
固定费用总额	元	158 000	154 000
计划年产量	件	20 000	20 000
单价	元	20	20
单位产品可变费用	元/件	12	13
盈亏平衡产量	件	19 750	22 000

从表中可以看出,甲地的盈亏平衡点产量比乙地少,因此应选择甲地扩大生产能力。

3)进行企业盈亏分析,提出改进措施

利用量本利分析法,绘制出盈亏平衡分析图,在图上可以直观清晰地看出企业盈亏状况。在此基础上,从存在的问题入手,采取可行的改进措施,从而提高经济效益。

[例6]　假设某企业的盈亏平衡分析图如图 2.9(a)所示,从图中可以看出,要提高经济效益,可从 3 个方面入手:

①提高产品的销售收入(如灵活的销售手段、期货的预测等),则销售收入斜线斜率增大,临界点下降,如图 2.9(b)所示。

②降低固定成本(如减少银行贷款利息支出、减少不必要的固定资产等),则固定成本线水平下降,临界点下降,如图 2.9(c)所示。

③降低可变成本(如通过技术改革、技术改进等办法,降低消耗、节约原材料、水电等),则总成本线斜率减少,临界点下移,如图 2.9(d)所示。

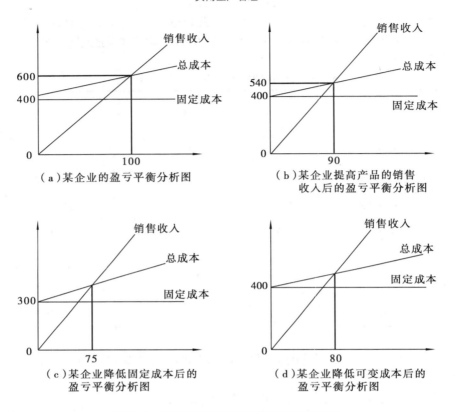

图 2.9　某企业改进前后的盈亏平衡分析图

2.2　生产计划

生产计划是生产管理的重要内容,企业的组织结构和生产工艺、技术装备确定以后,即企业有了人和生产设备、厂房等生产工具,企业根据市场的需求或预测,确定生产多少产品,生产哪些产品后,怎样组织生产就是一个十分重要的问题。而组织好生产、协调企业各方面生产要素、有效实现生产,就需要用生产计划来统领整个生产系统的全部活动。因此,生产计划对企业来说是非常重要和必要的。

2.2.1　生产计划概念

要知道什么叫生产计划,首先要弄清什么是计划。

通俗地说,计划就是某个组织或个人根据今后一段时间内要实现的目标和要做的工作及其采取的措施所做出的一个文字规范性的规定和预测。大至一个国家,小至一个小单位,都经常要制订计划。如我国的"十一五"发展规划,就是把我国在未来 5 年(2006—2010 年)期间的奋斗目标,一些经济社会发展的指标和完成这些指标所要做的工作用文字写下来,做一个规划。

计划按性质来分,可分为综合性计划(如某省、地、市县的经济社会发展规划)和专业性计划(如某地区的环境保护规划等),下面要学习的生产计划就属于专业性计划。

计划按时间来分,可分为长期计划和短期计划。长期计划又叫规划,是指时间跨度在 5 年以上的计划。短期计划是指时间跨度在 1 年以内的计划。另外还有一种计划叫中期计划,就是时间跨度在 1~5 年的计划,但这种计划很少用,因此这种计划只需了解即可。

知道了计划的含义,要理解生产计划就相对容易了。

生产计划就是企业根据顾客和市场的需要确定一定时间内生产什么产品,生产多少,质量如何,什么时候生产以及如何组织生产的计划。

生产计划是一种专业计划,也是一种短期计划,因为生产计划要根据市场需求来调整,因此生产计划的周期不能长,它不像规划那样预测较长时间、大框架、粗线条,而是要具体、细致、有较强的指令性和可操作性。常见的有年度、季度、月度计划。有的企业还制订旬计划。在计划期内,若市场和生产条件发生变化,还应及时调整生产计划或做滚动计划。

生产计划按制订实施和范围大小不同又可分为生产计划和生产作业计划。前者是总厂和分厂制订的,相对粗线条和注重原则;后者是车间和工段、班组制订的,比较详细,注重微观上的事务,如早、中、晚班的指标和需要开展的工作都需要具体的规定,这样做便于实施、检查和落实。生产计划一定要分解为生产作业计划,这样生产计划才有基础,才能实现。

2.2.2　生产计划的重要性

我国古代杰出的思想家、政治家、教育家孔子有一句名言:"人无远虑,必有近忧",说的就是人如果对未来没有计划,那近期就会常常碰到困难,让人忧虑。古人在 2 500 多年前就明确地提出了远虑的重要性,也就是计划的重要性。计划无论对组织还是对个人都是非常重要的。对于一个在校学生，学习期间应该树立明确的学习目标，有具体的学习要求，还应该有实现目标的学习措施。有了明确的目标，学习才会有动力，才会不断地激发学习热情。对于一个组织更是如此，否则，组织的成员不知要做什么，工作没有热情，企业也就没有凝聚力。没有凝聚力，组织就像一盘散沙，当然不会取得任何成功。

企业的生产计划制订得是否得当，直接关系生产的效果。生产计划的重要性体现在以下几个方面：

（1）生产计划是企业组织生产的依据

制订生产计划的目的，就是用它来组织和指挥生产。生产计划制订得当，并得到贯彻实施，企业就能生产出更多、更好的适销对路的产品。生产效率高，企业就可以提高经济效益。反之，如果生产计划制订不当，即使有较好的员工和生产设备，也不一定有高的生产效率。诸如此类的例子在现实生活中比比皆是。

（2）生产计划组织和协调生产的各个要素

因为生产计划贯穿于生产系统的各个方面，生产的完成需要生产系统的各个方面共同配合并发挥作用，如原料的供应保证、电力的供应保证等。企业如果没有生产计划，则企业的各个生产要素都无法做出相应准备，企业也就不会有正常的生产秩序了。

（3）生产计划是企业管理的重要手段

企业生产经营目标的实现，关键在适应市场需求的前提下，及时生产出市场所需的产品。这时企业的管理活动就是要调动好生产要素的作用，使生产运转高效，而发挥这一作用最好的办法就是制订好生产计划。

2.2.3　生产计划的内容

（1）生产状况的总结

对前一阶段，或前一计划时期，完成生产计划的情况做总结分析，然后分析计划期内生产的条件。

（2）生产环境分析

计划期内，企业生产经营活动外部和内部所面临的有利条件和不利因素（可用 SWOT 分析，详见 2.2.4）。

（3）主要生产指标

产品品种、产品产量、质量、产值、原料、动力消耗指标，设备利用，污染物排放达标，工伤事故率等。

（4）措施

完成主要生产指标应该采取的相应措施、提供的条件、管理的办法等。

2.2.4 制订生产计划的环境分析方法

管理者的一项重要工作就是弄清楚管理环境能够给组织提供机会或造成威胁的因素，并分析组织内外部环境所带来的优势与隐忧、机会与威胁，从而为科学决策提供依据，这就是 SWOT 分析。下面，以企业为例研究环境分析问题。

（1）企业经营环境分析模型的基本架构

SWOT 分析是企业经营环境分析的基本架构。分析内部环境主要找出企业经营的优势（strengths）和隐忧（weaknesses）；分析外部环境主要要找出经营的机会（opportunities）和威胁（threats）。将这 4 种因素综合起来进行分析，就简称 SWOT 分析。这是企业经营环境分析的最基本思路与架构。

SWOT 分析的基本思路：第一步就是通过对内部环境的分析，明确公司所具有的优势与劣势；第二步就是通过对公司所处外部环境的分析，发现当前或将来可能出现的机会或威胁。在 SWOT 分析完成，公司所具有或面临的优势和劣势、机会和威胁都已确定后，管理人员就可以开始计划的工作过程，确定公司的目标，制订公司的战略与计划。

（2）企业经营环境分析的系统模型

进行企业经营环境分析，应包括外部环境分析与内部环境分析两大部分。外部环境分析包括对一般环境的分析和任务环境的分析。通过外部环境的分析，主要是要找出企业经营的机会，以便抓住机会，促进发展；同时，要发现威胁，以主动地规避风险。企业内部环境的分析，主要包括对营运因素、企业的组织结构、组织文化进行分析。通过内部环境的分析,要发现隐忧,以努力加以铲除;同时要找出优势,下大气力加以培育,把已有的优势做强做大,真正建立企业在经营中的竞争优势,如图 2.10 所示。

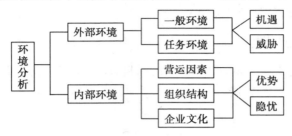

图 2.10　企业经营环境分析的系统模型

(3)企业外部经营环境分析

1)一般环境分析

企业外部经营环境中的一般环境,是我国企业经营所共同面对的环境,对每一个企业的经营活动都产生间接却极为重要的影响作用。对企业经营影响较大的一般环境主要有:

①社会经济环境。

②宏观技术环境。

③社会政治与法律环境。

④宏观社会与心理环境等。

2)任务环境分析

任务环境是某一个或某一类企业开展经营活动所直接面临的环境,主要指产业环境。与一般环境相比,任务环境对企业经营的影响更具有针对性,对企业的经营发挥有着更为直接的作用。任务环境中最直接、最明显影响企业经营的是市场。任务环节主要包括:

①产品市场。

②顾客。

③竞争者。

④供应商。

⑤金融机构与融资渠道。

⑥相关法律与法规。

⑦政府主管部门等。

在分析企业经营的任务环境的过程中,应侧重分析两个方面的内容:

①产业环境。产业环境即企业所在行业的需求、供给与产业竞争结构等

情况。这是任务环境分析的主体内容。

②本企业所处的地位。它是指本企业在整个行业的竞争中所处的地位。只有准确地把握这两个重点,才能进行正确的经营决策。

3)产业环境的分析模型——五力分析法

美国学者迈克尔·波特提出了产业竞争结构的分析模型,通过对 5 种竞争力的研究分析任务环境。他认为,一个产业的竞争状态取决于 5 种基本的竞争力量。这 5 种竞争力量就是:

①新加入者的威胁。这是指潜在的竞争对手进入本行业的可能性。

②替代品的接近程度。替代品是指具有相同或相近功能的产品或服务,它们在使用上是可以相互替代的。

③购买者的议价能力。这是指顾客和用户在交易中讨价还价的能力。

④供应者的议价能力。这是指企业的供应者在向企业提供产品或原材料时的讨价还价能力。

⑤现有企业的竞争。即企业所处的同行业之间的正面的竞争。

系统地考察这 5 种竞争力,就可以正确地估计所在产业的竞争结构,如图 2.11 所示。

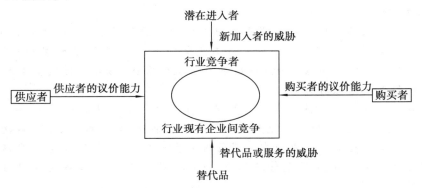

图 2.11　5 种竞争力分析模型

这 5 种竞争力反映了一般产业的竞争构成因素,具有普遍性。在当代我国企业的经营中,还应该注意高新科学技术的因素、信息与互联网的影响,特别是各级政府的政策取向等。

4)找出机会与威胁

外部环境分析的关键是要找出企业发展的机会与面临的威胁。

①发现并抓住机会。这里的机会是指能为企业经营带来运作空间与发展潜力的商业机遇。机会不但能为企业带来好的经营运作,而且又是企业有能力把握的。因此,企业必须在环境分析的基础上,抓住机会,努力开发,以

获得经营上的更大成功。

②发现并规避威胁。这里讲的威胁是指企业所面临的经营环境可能给企业带来不利或危害的因素。企业应及早发现,千方百计地加以规避。

[案例启示]

案例2.8　康佳的SWOT分析

1. 优势(S)

①品牌优势。持续的名牌战略使得康佳品牌具有极高的知名度和美誉度。据有关机构评估,康佳品牌价值78.87亿元,居国内品牌第六位,并被国家工商局认定为"中国驰名商标"。品牌这一巨额的无形资产成为康佳对外扩张的有力武器。

②融资渠道。康佳A,B股同时上市,资信优良,是各大商业银行的黄金客户和银企合作对象。1997年、1998年和1999年中国银行分别向康佳提供了38亿元、42亿元和50亿元人民币的融资额度;1999年,康佳新增发行8 000万A股,筹资12亿元人民币;加上母公司和各级政府鼎力扶持,公司实力雄厚,融资渠道广阔。

③营销网络。康佳在全国各大中心城市设立了60多家销售分公司,与全国95%以上的地市级大商场开展工商合作,终端销售商达到乡镇一级,建立了300多个特约维修站和1 000多个外联维修点,形成了覆盖全国的市场销售网络和售后服务体系。

④成熟管理。康佳作为中国首家中外合资电子企业和第一批公众股份制公司,很早就按现代企业制度和市场竞争机制运作,形成了规范、高效的管理体系和运行机制。特别是在质量管理和生产组织方面,康佳是我国彩电行业首家通过ISO 9001质量管理体系、ISO 14001环境管理体系国际国内双重认证的企业。

2. 劣势(W)

彩电属于劳动密集型行业,康佳地处深圳特区,相对于长虹等内地竞争对手而言,生产成本、管理成本、运输费用要高。另一方面,如果仅立足深圳,康佳的市场辐射半径难以覆盖全国,特别是一些地方彩电品牌所在的区域市场,康佳难以打进。

3. 机会(O)

内地一些国有彩电生产企业,拥有优良的厂房、设备,素质较高的干部、工人,低廉的生产成本,一定区位的市场,但是由于机制、市场等方面的原因,在愈来愈激烈的竞争中无可避免地败下阵来,债务积压,工人下岗,设备闲置,人心思变,急于寻找出路。当地政府欢迎康佳这样的优势企业来收购、兼并,搞活困难企业,国家也鼓励东部沿海企业到中西部投资、交流,并出台了相关优惠政策。

4.威胁(T)

竞争对手长虹等依靠其规模和成本优势,不断挑起价格战;高路华、彩星等"新面孔"以超低价挤进已竞争激烈的彩电市场;东芝、索尼、三星、飞利浦等跨国公司一改单纯出口的方式,纷纷以合资的形式进入中国彩电市场,实现本土生产,本土销售;中国已加入 WTO,面临环境更加复杂。

(4)企业内部经营环境分析

企业内部经营环境是企业开展经营活动的基础,对企业的战略决策及经营绩效具有重要意义。

1)分析企业的内部经营环境的基本方法

①分析经营的各种营运范畴。企业的经营活动是由一系列具有特定功能的营运活动或领域构成的。透过这些营运功能的分析,就可以挖掘出本企业的竞争优势并发现隐忧。企业的营运范畴主要包括市场营销、研发管理、生产与作业管理、财务与会计管理、人力资源管理等。

②分析企业制度与组织结构。企业制度、组织结构、领导方式等因素是影响企业经营成果的重要因素。科学有效的结构与体制本身,就是企业的竞争优势;结构与体制的僵化与落后,就是企业的最大隐忧。

③分析企业的文化因素。企业的文化是一个企业区别于其他企业的重要特质之一,对于经营活动具有很大的影响作用,构成了企业经营的重要内部环境。企业的文化因素主要包括企业精神、士气、人际关系、凝聚力与向心力等。

④在分析的基础上,找出企业的竞争优势与隐忧。

2)分析模型与方法——价值链分析

价值链分析是分析企业内部经营环境的重要方法,是建立在企业的经营宗旨——为顾客创造价值的理念基础上的。企业的一切生产经营活动都是为顾客创造价值,同时为企业创造利润。要提高经营效率与效益,就要在每个经营环节上千方百计地增加价值。

价值链,也称增值链,是指企业创造价值的一系列经营活动所组成的链条。主要包括两类:

①基本活动,主要有采购、生产、储运、营销、服务等功能或活动。

②支援活动,主要有技术开发、人力资源管理、财务等功能或活动。

价值链分析,就是对上述企业各种经营活动(含基本活动与支援活动)

领域与环节,进行深入的分析。一方面可以对每一项价值活动进行分析;另一方面可以对各项价值活动之间的联系进行分析。通过分析,找出优势与隐忧,以提高价值的创造能力。

3)建立竞争优势的基础

企业建立竞争优势的基础主要有如下4个方面:

①质量。生产经营适应顾客需要的高质量产品,是形成企业竞争优势的最重要的基础。

②效率。效率主要是指经济地使用资源,降低产品的成本,从而形成竞争优势。

③创新。创新可以为企业带来生机与活力,只有坚持不断创新的企业,才能在激烈的竞争中永葆优势。

④顾客回应。顾客作为价值的认知者和评价者,是企业的衣食父母,是企业经营效益的源泉。只有向顾客提供满意的产品,与顾客保持密切而稳定的联系,真正获得顾客的认可与惠顾,才能建立更加稳定和强有力的竞争优势。

4)建立竞争优势的策略

在进行系统的价值链分析的基础上,就要发掘企业的竞争优势,采取正确的策略,不断增强企业的竞争优势。构建企业竞争优势的策略主要有3个:

①成本领先策略。成本领先策略即通过先进的技术与管理,显著地提高生产效率,大幅度地降低成本,使本企业的成本明显地低于竞争对手,从而获得竞争优势。

②产品差异化策略。产品差异化策略即通过需求调研与产品开发,向市场提供紧密适应顾客需求、具有特殊功能或鲜明特色的优质产品,使得本企业的产品与竞争对手的产品区别开来,从而形成竞争优势。

③专一化策略。专一化策略即主攻某个特殊的顾客群或某个细分市场,以求在狭窄的市场面构建经营优势。

5)隐忧分析

导致企业失败的隐忧与劣势主要有:

①企业经营环境情况不明,缺乏清晰的战略。

②技术落后,没有优势的产品结构与品牌。

③营销乏力,不能有效地占领市场。

④组织结构与管理机制僵化,管理观念与管理方式落后。

⑤企业惯性严重,缺乏创新与活力。

6)企业隐忧的消除

①深刻认识企业隐忧的严重危害,树立危机意识。

②深入分析企业内部环境,找出并正视企业存在的隐忧。

③通过改革、重组、调整、加强等多种手段,堵塞漏洞,消除隐忧。

④建立完善的结构与机制,从根本上消除隐忧的再发生。

(5)制订生产计划的原则

制订并组织落实好生产计划对于企业来说是非常重要的,那么怎样才能制订好生产计划呢?

1)围绕企业整体目标

生产管理是企业管理的一部分,生产管理的目的是获得企业的最高利益。生产计划的制订是为了实现企业的整体目标,因此生产计划的制订必须围绕企业的整体目标,如企业为满足市场需求,实现利润最大化,有时就必须对所生产的产品品种、数量做出调整,而不是根据企业的生产能力均衡来决定。何时扩大产品生产、何时停止产品生产,都是要根据企业的整体目标来决定。

2)适应市场的需求变化

在市场经济条件下,产品生产必须围绕市场销售。生产的目的是为了赢利,赢利必须通过市场销售来实现,所以产品能否卖出,而且获取利润,是制订生产计划的前提条件。要通过对市场现在和潜在的需求分析,判断市场的需求和变化的趋势,调整产品结构或开发新产品,引导市场消费,使产品保持产销两旺,不出现库存积压情况。

3)争取外部条件的保障

企业的生产和社会有千丝万缕的联系,生产计划的制订要考虑企业外部必须的条件,如水、电、煤、原料供应以及这些条件通过争取能否变为外部有利的保障措施。如某些耗能大的产品,往往在枯水季节水力发电不足而面临用电得不到保证,有时甚至被拉闸限电,严重时还会被迫停产,而这时产品的市场价格又最高的尴尬局面,此时应采用怎样的措施来保障用电,获取最大利益是企业必须考虑的。因此,积极争取或适应外部条件变化,适时组织生产,确定生产规模结构是制订生产计划必须考虑的。

4)做好生产的组织调度

均衡生产是生产管理和生产计划所追求的一种理想状态。但现实中,大多数企业因市场需求和企业外部条件变化而不可能达到这种状态,因此做好生产组织调度非常重要。一般情况下,企业生产能力中的工艺设备、厂房已经固定,充分发挥它们的作用是一个原则。必要时,增加生产工人和一些辅助设施也可增加产量,这就需要做好劳动力的储备和调度使用,再就是原料采购的增加和资金的保证等。这些都是生产计划应该充分考虑并有相应对策措施的。

5）平衡、完善和审批

生产计划的制订由企业的生产主管部门，如生产部或计划科完成。制订生产计划要充分考虑各种生产要素的相互影响，因此，生产计划的初次方案完成以后，应当以生产调度会或其他方式征求相关部门，如生产车间、销售、供应、财务部门的意见，并得到主管领导批准后方能正式实施。

6）适时调整

企业的生产计划直接受到来自于企业内外部条件因素的影响，如产品的销路、供电的改变等。一旦这些条件明显变化，那就应该迅速对生产计划进行调整，用符合客观需要的新生产计划来组织生产。

[案例启示]

案例2.9 某卷烟厂送料小车的工作线路

云南某著名卷烟企业有段时间曾花重金从国外购买了每台价值100多万美元的自动化小车用于运送物料。其车间卷烟设备、运料小车、操作工人行动路线如图2.12所示，形成平面交叉。

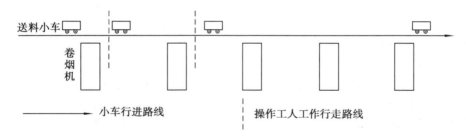

图2.12 某卷烟厂原生产平面布置示意图

人流、物流在同一平面形成交叉，是工艺设计、厂房布置的大忌。虽然自动化小车很先进，碰到人前会自动停车，但此举就造成了人流、物流的不畅，影响工作效率。何况，一旦小车失灵，还有可能造成人员伤害事故。可喜的是，后来该厂在改造时，改变了这一状况，卷烟原料不再用小车输送，改为了空中传输带运输，这样就不再与操作人员工作行走路线平面交叉，从而既保证了生产安全，又提高了生产效率。

案例 2.10 某大型企业短期生产作业计划管理制度

总 则

第一条 目的。市场情况瞬息万变,企业在制订长期生产计划对各部门生产任务进行整体规划的基础上,还必须制订各种短期计划,以适应市场的变化,赢得竞争优势。

第二条 形式。通常情况下,短期生产计划有季度生产计划、月度生产计划、旬(周)生产计划三种形式。

细 则

第三条 季度生产计划管理。

1. 季度生产计划是在预测、决策基础上制订的,它是指导企业季度生产经营活动的纲。

2. 企业采取季度生产计划管理的策略,实际上是采取季度滚动的方法,对年度生产计划年中实行的具体调整。

3. 在一般情况下,年度生产计划力求稳定,不宜多变。特别是单纯执行指令性计划的企业,一般是不存在计划滚动现象的。

4. 只有当市场需求突变或订货合同大幅度变化,才实行季度滚动。年初滚动着眼于当年预测,年中滚动着眼于预测全年计划落实,年末滚动着眼于预测下年首季。

5. 季度计划滚动,实际上起到了调整短期经营战略的作用。年度计划滚动次数,视实际需要而定,一般应与编制季度生产计划一并进行。

6. 对于大批量生产,为了保持企业生产的正常秩序和均衡性,年度生产计划应考虑必要的成品库存量。当需求稍大于最大生产量时,以减少库存来满足需求;当需求稍低于最大生产量时,要增加库存来吸收多余产品。但是,物资准备和在制品最高储备量都应以满足最大生产量的需要来确定,一般情况下不应频繁地随着产量的变动而变动。只有当年度生产计划大幅度变化时,才能考虑物资准备和在制品数量的变动。

第四条 月度生产计划管理。

1. 月度生产计划管理,要贯彻近细远粗的原则,采取月度滚动的方法。

2. 第一个月计划要明确产品品种和具体细节,及时反映合同增减变动的情况,灵活处理用户的临时急需,以满足市场需要。

3. 第二、第三个月下达产品产量,便于各方面准备和灵活组织成批轮番生产。

4. 月度计划的滚动,要求不断提高生产组织水平和改进生产作业计划工作,加强能力平衡和零件成套管理,严格控制生产环节的交接工作。

5. 要适当调节零件和在制品储备量,在不增加资金的前提下,略增毛坯储备量,压缩中间在制品,适当地保持一定的零件储备,这样才能在滚动计划中灵活而有秩序地变动,顺利组织多品种生产。

第五条　旬(周)生产计划管理。

1.由于用户的紧急要求或企业内部生产要素的平衡问题,有时需要企业生产计划部门下达产品旬(或周)生产计划。

2.通过旬(周)生产计划管理,企业可以对产量或品种、生产进度和次序实行微调,既可具体调节供需求,又有重新组织新的生产活动的效能。

[本章小结]

厂址选择意义、影响因素 → 厂址选择计算方法 → 工厂布置意义、内容、影响因素

量本利计算法的应用

生产计划概念、内容、重要性 → 制订生产计划 SWOT 分析 → 五力分析法

[复习思考题]

1.简述厂址选择的影响因素。假设要建一个发电厂,应如何选择?

2.举一个你所知道的工厂的车间、工序布置不合理的例子,并提出改进的措施。

3.一个企业 A 产品生产的固定费用是 3 000 万元,产品的单位产品可变费用为 2 500 元/吨,销售单价为 4 000 元/吨。问该产品的盈亏平衡点是多少? 根据这些数据绘制盈亏平衡分析图。

4.什么叫生产计划,它与生产作业计划的区别是什么?

5.制订生产计划的原则是什么?

6.以自己熟悉的工厂为例,制订一个简明的生产计划或生产作业计划。

第 3 章
生产管理的组织

【知识目标】

1. 理解工厂组织结构概念,弄清工厂组织结构设置原则,知道工厂常见的组织结构;

2. 理解管理幅度、管理层次概念,弄清它们之间的关系;

3. 理解职权配置,集权、分权、授权的概念;

4. 理解工厂制度化建设的作用;

5. 弄清如何制订工厂各种制度。

【能力目标】

1. 能够了解某企业或学校组织结构,并能分析这种结构的利弊是什么;

2. 能够理解工厂制度化建设的意义,并能自觉遵守企业、学校的规章;

3. 能够制订小的企业或学校内部的规章制度。

把原料加工变成产品的生产过程的组织就是工业企业,也就是通常所说的工厂。

工业企业实现物质转换的过程,需要劳动工具,也就是工厂的设备、工具等,同时还需要劳动者,也就是工厂的管理人员和操作人员。这些人员需要围绕生产的目的有效地组织起来,才能进行生产。因此,工厂是有不同人员组成的组织结构,而且这种组织结构必须适应生产经营的需要。否则,员工的作用得不到充分发挥,工厂的生产效率肯定不高。因此,设置适宜的组织结构,对于工业企业充分发挥全体员工的积极性,提高企业经济效益至关重要。

3.1 工厂组织结构

为了便于管理,实现生产产品和赢利的目的,一般的工厂(极小的、极为简单的除外)都要分设有若干管理层次的管理机构和生产单位,明确它们各自的职责和权限,以及相互间分工协作和信息沟通的方式,这样组织起来的上下左右紧密结合的框架结构就是工厂组织结构。

工厂的管理结构一般是厂级班子:厂长、副厂长、总工程师、总经济师、总会计师等。实行现代企业制度则是资产所有者董事会:董事长、副董事长、董事和资产的经营者总经理、副总经理、总工程师、总经济师、总会计师等;业务管理部门包括生产管理部,有时又细分为计划科、生产科、调度室、技术科、安全环保科等;经营管理部,有时又细分为销售科、供应科等;财务管理部,有时又细分为财务科、资产科等;综合管理部,有时又细分为办公室、后勤处、劳资科等。

工厂的生产单位一般按照生产类别和生产过程来划分,如生产若干种产品,就设几个分厂,其余作为辅助厂,如机修厂、水电供应公司等。某种产品生产过程中,中间可能有几个中间产品,就把生产某一个中间产品的部门叫车间。这个中间产品又分为几段来生产,每一段就可叫工段。每一段生产时,可能有几条生产线的人员在同时作业,或在同一工段,不同时间工作的人就把他们组织起来叫班组。

3.1.1 工厂组织结构设置原则

无论组织规模大小或性质差异,做好组织工作都要遵循一些最基本的原则。这些原则包括:

（1）分工与协作原则

为了发挥组织整体的效率，组织内部要进行分工协作，就是要做到分工合理，协作明确，对于每个分部或部门、每个人的业务范围、工作内容、相互协作方法等有明确的规定。分工要掌握一个合适的度。一般地说，分工越细，专业化水平越高，责任越明确，效率越高；但分工过细，会导致机构增多、协作和协调困难等问题。分工过粗，则机构可减少，但专业化水平低，且不利于实现规模经济。分工与生产率之间的关系如图 3.1 所示。

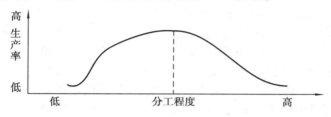

图 3.1　分工与生产率关系图

（2）统一指挥原则

统一指挥是组织原则中最基本的一条原则，无论是传统的管理，还是现代化的管理，都比较广泛地采用这一原则来进行组织设计和管理。

统一指挥原则，强调的是命令的统一和垂直的管理系统，要求每个职务都要有明确的责任者，严格规定命令逐级下达，上级不得越级指挥下级，下级也不得越级请示上级，一级只能指挥一级，一级只对其上级负责，上下级之间形成一个"指挥链"。该原则认为，只有这样才能做到政令畅通，提高管理工作的效率和效果。

（3）适当管理幅度原则

管理幅度是指一个管理者能够有效地领导的直接下属的人数。任何一个管理者，因受其精力、知识、经验等条件的限制，能够有效地领导下属的人数是有限度的。

一般而言，每个管理者直接管理的下属数越多（管理幅度宽），那么组织层次也就越少，所需管理人员也越少；反之，每个管理者能直接管理的下属数越少（管理幅度窄），组织层次也就越多，所需管理人员也越多。

古典的管理理论主张较窄的管理幅度，以实现有效控制。但这样一来，企业就要设置较多的层次，导致集权和决策的缓慢等问题。现代管理则倾向于较宽的管理幅度，以减少组织层次，简政放权，加速组织中的信息传递。

遵循适当管理幅度原则,就是要为组织的各个层次确定一个合理的管理幅度。而管理幅度的选择往往取决于下面几个因素:

①管理者所处的层次。一般来说,高层管理人员的管理幅度应相对小一些,管理人员的职位越低,其管理幅度就越大。

②管理者能力大小。综合能力、理解能力、表达能力等较强的管理人员能够迅速把握问题的关键,就下属的问题提出恰当的指导建议,并使下属明确理解,因而能够直接管理更多的人却不降低组织效率。若管理人员能力较差,管理幅度只能小些。

③处理问题的难易程度。企业生产经营中最重要、最复杂的决策性问题,一般由高层管理人员来承担的,因此他们直接领导的下属人数不宜过多。反之,处理日常工作的问题,则多属于基层管理人员的事情,他们的管理幅度自然可以宽一些。此外,在同级管理人员中,若工作标准化程度不同,管理幅度也可能不同。也就是说,工作标准化程度高,有既定的工作程序,指导就方便,管理幅度就可以宽些;工作性质差异大,没有既定的工作程序,则需要较多的个别指导,管理幅度就要小些。

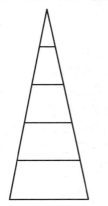

图3.2　宝塔型管理结构

④下属的成熟程度。下级具有符合要求的能力、训练有素,则无需管理者事事指点,从而减少上下级之间的接触频率,管理幅度就可大些,反之则小些。

设计工厂组织结构时,首先要确定管理层次,也就是确定从最高管理者到最低操作者之间有几层管理。一般的工厂可分为厂部、车间、班组三级;规模较大、生产技术较复杂的分为厂部、车间、工段、班组四级,或公司、分厂、车间、工段、班组五级;小型工厂则可实行两级管理,即厂部直接管理班组。

管理层次多的组织结构称为高层结构,又称宝塔型结构,如图3.2所示。它的特点是每个层次所管理的范围较小,分工明确,便于指挥和控制。缺点是管理人员多,费用大,信息沟通不易,不利于发挥下层人员的积极性。

管理层次少的组织结构称为扁平结构,如图3.3所示。它的特点和高层结构相反。其中,最明显的特点是由于中间层少而管理效率高,管理措施很快就可在基层实施。

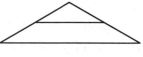

图3.3　扁平型管理结构

究竟用高层结构还是扁平结构进行管理,还需联系工厂的管理幅度,以此来决定。

在工厂,管理幅度是指一名领导人(如厂长、车间主任)可能直接领导的下属人员。一般说来,管理幅度与管理层次成反比。在工厂人数一定的情况下,加大管理幅度就可减少管理层次,反之亦然。

国外管理学家研究的结果表明,高层管理者的管理幅度一般不要多于 6 人,低层管理者(如班组长)的管理幅度一般不要多于 20 人。

管理层次和管理幅度合理,可有效发挥组织成员的积极性,提高工作效率。反之,则有可能人浮于事,贻误工作。不少机关、学校一名副职分管一个部门,就往往使副职领导和部门领导的作用都发挥不好。因此,工厂的组织结构不应产生这种状况。

(4)适度分权原则

分权和集权是两个相对的概念。所谓集权,就是指把生产经营管理权限较多地集中在企业最高管理层,下级部门或下级管理人员只能依据上级的决定和指示办事,一切行动听从上级指挥。所谓分权,就是指把企业生产经营管理权限适当分散到中、下层,但最重要的决策,如经营战略、重大的财务决策等仍集中在最高管理层。

3.1.2　工厂常见的组织结构

工厂的组织结构要根据工厂实际来确定。但也有常见结构可供参考。

(1)直线制组织结构形式

直线制组织结构形式的特点是组织的各层领导负责该层的全部管理工作,不为他们配备职能机构和人员,如图 3.4 所示。

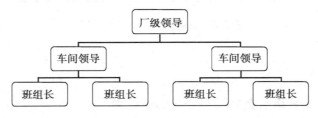

图 3.4　直线式组织结构示意图

(2)直线—职能制组织结构形式

这是一种常见的组织结构形式,其特点是为各层次领导配备了职能机构或人员充当参谋和助手,分担一部分管理工作。同时也可弥补领导某些专业技术职务方面的不足,并减轻领导人的负担。由于这种职能机构和人员不能直接领导下级指挥,因而领导人仍能统一指挥。这种形式适合人数众多的大、中型工厂。缺点是领导者权力过于集中,信息沟通相对困难,如图3.5所示。

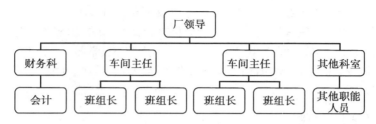

图3.5　直线—职能制组织结构示意图

(3)分部制组织形式

对于一些特大型企业和企业集团,高层领导如果集权大,就会导致下属单位决策迟缓,贻误战机,降低管理效率,因此不宜采用前两种形式,而宜采用分部制组织形式。在这种形式中,二级单位有一定自主权,可以单独建立自己的组织结构,因而较有活力,如图3.6所示。

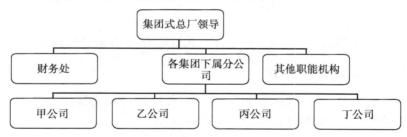

图3.6　分部制组织结构示意图

[案例启示]

案例3.1　云南冶金集团总公司组织结构

云南冶金集团总公司是全国520所重点企业之一,是云南省重点培育的大企业集团和重点支持的10所大型工业企业集团中的一员。集团拥有成员单位37个,其中全资子企业7个,直属事业单位2个。该集团对7个全资子企业的管理模式是采用分部制组织结构形式。集团负责子企业领导班子任免,生产经营计划的考核奖惩,重大投资项目和资金使用的审批,其余子公司正常的生产经营活动则由子公司全权处理。集团下属的子公司如云南铝业股份有限公司也是大型企业,该公司对母公司实行直线—职能制结构形式,但对下属的一些企业如万盛炭素公司则实行分部制的组织结构形式管理。

云南冶金集团总公司实行的组织结构管理模式符合集团规模大,子企业地理位置相对分散的实际。大权集团独揽,小权分散给子企业,激发了下属企业的积极性。多年来,下属企业争先恐后、拼搏进取,实现了快速发展,从而保证了整个集团的快速发展。集团连续 4 年入围中国 500 强企业,综合实力和综合经济效益在中国有色行业中位居前列,2006 年实现销售收入139 亿元,创税 25 亿元。正是由于选择了适宜的组织结构管理模式,才使得集团的生产组织充满生机活力,有效地促进了集团的良性发展。

3.2　工厂组织的职权配置

工厂的组织机构设置完毕,并不能意味着组织机构就可以有效地运行了,要使其有效运行,最主要的条件之一就是必须使这些机构的管理者具有一定的指挥和协调的权利,就是在不同部门或管理层次之间配置职权,以便在组织机构建立后,通过建立一定的职权关系,将各职位、机构联系起来,形成一个稳定规范、协调运行的有机组织。

3.2.1　职权配置

职权是构成组织结构的核心要求,对于组织的合理构建与有效运行具有关键性作用。

(1)职权与职责

职权,是指由于占据组织中的职位而拥有的权力。与职权相对应的是职责,是指担当某一职位而必须履行的责任。职权是履行职责的必要条件与手段;职责则是行使权力所要达到的目的。

(2)职权类型

管理者的职权有 3 种类型:

①直线职权。直线职权即直线人员所拥有的决策指挥权,如下达命令、指挥下级等。

②参谋职权。参谋职权即参谋人员所拥有的咨询权和专业权,如为职能管理者提供咨询、建议以及在本专业领域内的指导权等。

③职能职权。职能职权即参谋人员所拥有的、由直线主管人员授予的决策与指挥权,如经理授权给某职能管理者在某个问题上的指挥权。

(3)职权配置的涵义

职权配置,是指为有效履行职责、实现工作目标,而将组织的职权在各管理部门、管理层次、管理职务中进行分配与设置。

(4)职权配置的基本类型

1)职权横向配置

职权横向配置即依目标需要而将职权在同一管理层次的各管理部门和人员之间进行合理配置。例如,公司将人员招聘权交给人事部,而将人员使用权交给各业务部门。职权在组织中横向配置时,必须遵循以下原则:

①服务于组织目标原则。职权在各部门的分配,必须从有利于实现组织目标和工作任务出发。

②统一指挥与协调原则。各部门之间权力的配置,必须保证整个组织实现统一指挥,不能令出多门,要有利于各部门之间的协调运行。

③责权对等、权责明晰原则。各部门或人员所拥有的权力一定要与应履行的职责相对等,并且规定清晰明确的权力与职责范围、界限。权责界限不清,必然造成管理上的混乱。

④权力制衡原则。权力的设置,既要有助于推进工作,又要适当地加以制约。在各管理部门之间,应建立既能高效率地完成工作任务,又能有必要的制约、平衡作用的权力结构。例如,对于立法、执行与监督三者之间的科学分立、协调与制约。

2)职权纵向分配

职权纵向分配即依目标需要而将职权在不同管理层次的部门或人员之间进行分割,主要表现为集权与分权。例如,在事业部体制中,总公司将相当大的一部分权力交给下属的事业部,就属于一种分权体制。

3.2.2 集权与分权

(1)集权与分权的概念

集权与分权是指职权在不同管理层之间的分配与授予。所谓集权,是指较多的权力和较重要的权力集中在组织的高层管理者;所谓分权,是指较多的权力和较重要的权力分授给组织的基层管理者。

集权与分权是任何组织正常运行过程中的必然现象。而且,集权与分权也是相对的,没有任何组织是绝对集权或绝对分权的。"职权的集中和分散是一种趋向性,它的性质就像是'热'和'冷'一样。"

(2)集权与分权的优缺点

集权有利于组织实现统一指挥、协调工作和更为有效的控制。但另一方面,会加重上层领导者的负担,从而影响重要决策的制订质量;不利于调动下级的积极性与主动性;难以适应外部环境的变化。而分权的优缺点则正与集权相反。应根据组织目标与环境、条件的需要正确决定集权与分权程度,但现代管理中总的趋势是组织职权分权化。

最近一家公司的总裁感叹道:"我们对地方分权长期、坚定和近乎狂热的承诺,造成与产品相关的不同部门为争取客户而彼此竞争。结果形成一股有悖整体的力量和一种人人为我、却无我为人人的精神。"他还说:"表面上把企业分成较小的单位,应该能够鼓励地方的主动性和承担风险的积极性,事实上恰巧相反,部门分立与自治产生了更短期导向的管理者,他们比以前更受利润的影响。"

听到这种意见后,另一位经理却提出截然相反的意见。由此可见,集权或分权互有利弊,需要适度和加以控制。

(3)影响集权与分权的主要因素

1)组织因素

①组织规模。组织规模的不断扩大导致分权化。

②产品结构及生产技术特点。单一产品结构更强调集权;而多品种,特别是产品差异大的产品结构则要求分权。

③职责与决策的重要性。重大问题的决策权更有可能集中在上层。

④管理控制技术发展程度。

2)环境因素

①外部环境。如企业面临市场的复杂与变动程度,当企业面临复杂多变的市场时,必须实行分权,以便更及时、更准确地适应市场的需要。再如,当出现极为复杂的政治形势时,组织可能要保留相当的集中决策的权力,以便整体协调。

②内部环境。内部环境,如一个组织的历史传统、组织文化等,都将影响到集权与分权程度。

3)管理者与下级因素

①管理者的管理哲学、性格、喜好、能力。例如,不同领导者的领导观念、

领导方式不同,集权或分权的程度就会不同。

②被管理者的素质与对分权的兴趣。对具有较高素质的被管理者应授予更多的权力。

集权与分权的关键在于所集中或分散权力的类型与大小。在判断或评价集权或分权的标准上,决策权比执行权更为重要,人权、财权比一般业务权更为重要,最终决定权比建议权、过程管理权更为重要。管理者应该根据实现组织目标的需要,结合上述影响因素,正确地确定集权或分权的权力类型与大小,实现科学的职权分配。

3.2.3 授权

(1)授权的概念

广义上的分权应包括制度分权与管理者授权两种类型。前者是由组织体制所决定的分权,后者是由管理者个人将自己所拥有的一部分权力授予下级而形成的分权。这里所说的授权就是指后者这种形式。管理者授权是现代管理的一种科学方法与领导艺术。

(2)授权的优越性

①授权有利于组织目标的实现。通过科学的授权,使基层拥有实现目标所必需的权力,自主运作,可以更好地促进目标的实现。

②授权有利于领导者从日常事务中超脱出来,集中力量处理重要决策问题。"授权是领导者的分身术",高明的领导者都会恰当地运用授权。

③授权有利于激励下级。下级若拥有完成任务的权力,能按照自己的意图,独立自主地进行工作,就会获得一种信任感和满意感,这有利于调动其工作的积极性、主动性和创造性。

④授权有利于培养、锻炼下级。下级在自主运用权力、独立处理问题的过程中,会不断地提高管理能力,提高综合素质。

(3)授权的原则

在授权中,应遵循如下原则:

1)依目标需要授权原则

授权是为了更为有效地实现组织目标,因此,必须根据实现目标和工作任务的需要,将相应类型与限度的权力授给下级,以保证其有效地开展工作。

2)适度授权原则

授权的程度要根据实际情况决定,要考虑到工作任务及下级的情况灵活决定,既要防止授权不足,又要防止授权过度。

3)职、责、权、利相当原则

在授权中要注意职务、权力、职责与利益四者之间的对等与平衡,要真正使被授权者有职、有权、有责、有利。此外,还要注意授权成功后合理报酬的激励作用。

4)职责绝对性原则

领导者将权力授予下级,但仍承担实现组织目标的责任。这种职责对于领导者而言,并不随授权而推给下级。

5)有效监控原则

授权是为了更有效地实现组织目标,因此,在授权之后,领导者必须保留必要的监督控制手段,使所授之权不失控,确保组织目标的实现。

(4)授权类型

管理中的授权一般包括以下类型:

1)口头授权与书面授权

这是就授权的传达形式而言。一般书面授权比口头授权更正规、更规范。

2)个人授权与集体授权

这是就授权主体而言的。个人授权与集体授权是指可以由管理者个人决定将其所拥有的一部分权力授予下级,也可以由领导班子集体研究,将该层次拥有的一部分权力授予其下级。

3)随机授权与计划授权

这是就授权的时机而言的。随机授权与计划授权是指有时按照预定的计划安排将某些权力授予下级,而有时由于某些特殊需要而临时将权力授予下级。

4)长期授权与短期授权

这是就授权的期限而言的。短期授权是指有时为完成特定任务需要而进行短期授权,完成任务即结束授权。而那些为完成长期任务需要而进行的授权就要较长时期地将权力授予下级。

5)逐级授权与越级授权

这是就授权双方的关系而言的。来自顶头上司的授权就属于逐级授权,而来自更高层次的领导者的授权就是越级授权。

（5）授权步骤

简单授权没有必要划分步骤，而较为规范的授权可以划分为以下几个步骤：

1）下达任务

授权的目的在于完成任务，实现目标，因此，授权过程始于下达任务。首先，要选择好被授权者。要有正确行使权力的能力，并能有效完成任务。其次，要下达明确的任务，规定所要实现的目标与标准（尽可能量化）以及相应要求和完成时限。

2）授予权力

领导者要将完成任务、实现目标所需的相应类型和限度的权力授给下级，要做到权责对等，并与一定的利益挂钩。授权中，要特别注意明确权力界限，切不可含糊不清、令出多门。还要注意在授权的同时，给予下级以充分的信任，全力支持，放手使用。

3）监控与考核

在授权过程中，即下级运用权力推进工作的过程中，要以适当的方式与手段进行必要的监督与控制，以保证权力的正确运用与组织目标的实现。在工作任务完成后，要对授权效果、工作实绩进行考核与评价。

3.2.4　职权关系结构与信息沟通模式

职权配置是通过职权关系结构和相应的信息沟通模式实现的。

（1）建立明晰的职权关系结构

要处理好职权关系，使各管理部门、各管理人员职权关系协调，工作配合默契，最基本的是要建立明晰的职权关系结构，即通过组织、体制、制度对职权关系进行划分与规范。

1）建立清晰的等级链，实行层级管理

在任何组织系统中，从最高级到最基层，都必须建立清晰的、由各管理层次职务组成的等级链。由上至下层层命令，由下至上层层报告，领导隶属关系清楚，命令—报告渠道畅通，防止越级指挥与越级请示，从而保证职权关系的有序维系。

2）明确划分权责界限

组织应明确规定各管理部门或人员的职责范围、职权类型、权力界限、适用条件、行使期限等，特别是对需要两个以上部门或人员配合、共同行使职权的,更要明确主次以及具体权责界限。权责界限一般在组织规程里通过职务说明书来加以规定。

3)制订并严格执行政策、程序和规范

职权必须要在政策、程序和规范允许的范围内运用,否则便是职权的滥用或越权。建立健全有关职权运用的规范并严格遵循规范用权,是维系正常职权关系的重要保证。

(2)构建有效的信息沟通模式

1)构建有效的信息沟通模式是保证职权关系协调的重要条件

无论是上下级之间还是同级横向部门之间,要使职权关系协调,就必须加强沟通与配合。管理实践中,许多争执或矛盾,往往不是由于实质上的分歧造成的,而更多的则是由于沟通不当而引起的误解或"挑理"造成的。

2)在组织内设计多种信息沟通渠道与合理流程,实现沟通的制度化

①上级要真心实意地提倡民主管理,积极鼓励下级参与管理,多渠道征询群众对决策的意见,加强决策执行中的宣传与说服工作。

②下级则应对重大或上级感兴趣的决策及执行情况及时向上级请示与汇报;在采取重大举措前一定要取得上级的全力支持,并注意及时对上级进行信息反馈。

与上下级职权关系的协调,同级部门与人员之间也应相互尊重职权及加强沟通与相互配合。

3.3　工厂制度化建设

正如前面所述的那样,工厂设置组织机构是为了有效组织生产经营,为此必须使这些机构协调运行,给各级管理者适宜的职权,让他们能够指挥协调,这是非常重要的。但组织成员的活动都要靠指挥协调才能进行的话,组织机构的效率就会下降,组织成员的积极性和主动性就不能发挥。另一方面,工厂组织机构的成员日常所从事的工作,特别是下级机构人员的工作往往是一些固定重复的工作,如果把这些工作经过总结提高,上升为行之有效的办法、措施,大家形成自觉习惯,按照这些办法措施来工作,就可提高工作效率,这就是工厂的制度化建设,也称工厂的制度规范。

工厂建立了一整套行之有效的制度,就可以通过每一个小的制度形成企业完整的规范管理。

管理制度是企业兴衰成败的生命线,是企业长远发展的运转平台。成功

的企业源自卓越的管理,而卓越的管理源自优异的制度。企业之间的竞争,归根到底是企业制度的竞争。企业有了先进的制度才能凝聚人才,引进人才,稳定人才。

企业制度建设对企业来讲是极其重要的,因为企业本身就是各种生产要素的组合体,企业对各生产要素的组合,实际上就是依靠企业制度组合起来的。企业制度的重要性,主要表现在以下几个方面:

①企业制度是企业得以生存的体制基础。企业作为各种生产要素的组合体,实际上就是通过制度安排来组织各种生产要素,而企业制度是对各种生产要素进行组合的核心纽带和基础。因此,没有企业制度,就根本谈不上企业的发展。

②企业制度是企业经营活动的体制保障。企业的所有经营活动,无论是生产经营活动,还是资本经营活动,都必须要在一定的体制框架中进行,这种体制框架就是企业制度。没有一种合理的企业制度安排,就不可能有企业的高效经营活动。因为没有良好的企业制度,企业经营活动就没有体制保障,从而企业经营活动就根本无法高效地展开。

③企业制度是企业员工必须遵守的行为规范。企业员工作为企业的组成人员,无论是 CEO,还是一般的普通员工,其行为都必须遵守体现企业制度要求的各种规则,也就是要按照企业制度的要求对员工的行为进行规范,因而规范员工行为的准则就是企业制度。或者这样说,企业中所有员工都必须遵守企业制度,按照企业制度的要求来确定自己的行为。正基于此,人们通常把企业制度称为员工的行为规范。如为了保证生产经营高效有序,使各职能部门的职责权限得到落实,西安杨森制订了一整套系统化、规范化的生产经营程序和制度,其中包括基本制度、生产经营工作制度、技术质量管理制度等。这些规章制度全面细致、操作性强,是公司职工进行自我约束的行为规范。它使公司每个部门、每个岗位、每个职工的工作都有章可循,避免了工作中的随意性和不协调。各级领导则把主要精力放在制订政策和协调、处理、解决"非程序化"的问题上,"例外原则"使他们的工作大为简化。

3.3.1 制度规范的概念与作用

(1)制度规范的概念

制度规范是指组织为有效实现目标,对组织的活动及其成员的行为进行规范、制约与协调,而制订的具有稳定性与强制力的规定、规程、方法与标准体系。

制度规范建设是组织结构的继续与细化。建立了组织结构的框架,确定了各部门、各职位的基本职能与职权关系之后,还必须通过建立组织制度规范体系的形式,将上述职能与职权明确化、具体化、规范化、制度化和合法化。

(2)制度规范的作用

制度规范可以制约协调组织成员的行为。组织制订制度规范最基本的功能是对组织的活动及其成员的行为进行规范、制约与协调,以保证有效实现组织的目标。

1)规范功能

制订并执行制度规范,可以有效地指导组织及其成员按照既定的程序、方法、标准行事,使其有章可循,以保证各项活动规范运作,秩序井然,更有效率。

2)制约功能

制度规范能有效地约束组织及其成员有悖于组织目标实现的活动,惩戒违规行为,鼓励积极行为,使组织更有秩序与纪律。

3)协调功能

通过制订完善的制度规范体系,使组织的各项工作与活动建立在科学设计的高结构化的体系之上,使组织整体协调运行,并为处理冲突提供协调的依据。

(3)制度规范的特点

组织的制度规范的特点主要有:

1)权威性

制度规范是由组织或其上级制订颁布的,要求其成员必须执行,有很高的权威性。

2)规范性

制度体系不但具有高度的统一性、标准性,而且体现规律的要求,对组织成员进行科学合理的指导与规范。

3)强制性

制度规范就是组织中的法规,强制性地要求其成员执行、遵守。凡有违反者就要受到制裁。

4)稳定性

组织的规章制度一经制订,就是相对稳定的,要在一定期间内严格执行。

（4）制度规范的类型

组织的制度规范主要包括四大类：

1）组织的基本制度

组织的基本制度是指规定组织构成和组织方式，决定组织性质的基本制度。这是组织的根本制度，决定与制约组织的行为方向以及基本活动的范围与性质。例如，企业的产权制度、公司治理制度、企业章程等。

2）组织的管理制度

组织的管理制度是指对组织各领域、各层次的管理工作所制订的指导与约束规范体系。它引导并约束组织的成员为实现组织的目标努力工作，是实现组织目标的根本性保证。例如，组织中的各种职权关系与联系的组织制度、各种部门与岗位的权责制度、各种管理程序与标准的管理制度等。

3）组织的技术与业务规范

组织的技术与业务规范，是指组织中的各种关于技术标准、技术规程以及业务活动的工作标准与处理程序的规定。例如，企业的技术规程、业务流程、技术标准等。

4）组织成员的个人行为规范

这是针对组织中的成员，为对其个人行为进行引导与约束所制订的规范，如员工职业道德规范等。

3.3.2　制度规范的制订与执行

（1）制度规范制订的原则

1）法制性原则

组织制订的一切规章制度，都要符合党和国家的政策法规，并同本组织的章程等基本制度相一致。

2）目标性原则

必须根据组织的目标需要来制订组织的规章制度，所有制度都必须服从与服务于组织的目标。对于一些专业性的制度规范，还应紧密服务于具体的经营管理目标。

3）科学性原则

组织制订规章制度，一是必须体现客观规律，特别是管理规律的要求；二是必须从实际出发，充分考虑本组织实际；三是必须先进可行，将先进性与可行性结合起来。

4）系统性原则

组织制订规章制度必须考虑各种规范的衔接与统一，并形成配套体系。

链接　制度设计以人为本

企业在制订企业制度时应该考虑一个根本性的因素——员工以及员工的需求。那么在考虑人的因素时应注意哪些方面的因素呢？

1. 考虑员工的基本素质状况

很多制度规定了管理活动中的权限，也就是权力在不同的管理层次、不同人员之间的分配。这种权力的分配并不是简单地按照一定的管理学法则来实现的，而是要切实地考虑现有员工的状况。一个组织集权与分权的程度取决于权力承担者的素质状况。一般来说，倾向于将较多的权力交给能力较强的中坚人员，这样有助于保证企业目标的实现。而对于目前能力不足的管理人员，则一方面应加强对他们的培训，一方面通过上级对他们的指导逐步将权力移交给他们，最终实现充分授权。

2. 考虑当前人员管理存在的问题

一些制度的制订目的就在于解决管理中出现的与员工有关的问题，对员工的行为进行约束与规范。例如，当发现有些人总是在会议中迟到、早退时，这就需要制订相应的会议考勤管理制度对员工的行为进行约束。

3. 考虑员工的未来发展

考虑员工的未来发展并不等于要简单适应和迁就现有员工，通常的解决方案是"老人老办法，新人新办法"。企业制度在今天是企业发展的助推剂，明天就有可能成为绊脚石。因此，制度必须不断创新，一方面不断地适应人才，另一方面也要适应外部环境的变化。

（2）制订制度规范的程序

1）调研与目标

要根据组织的总目标的需要，在充分调查研究的基础上，提出制订制度与规范的具体目标。

2）制订草案

在大量分析处理有关信息资料的基础上，起草制订制度与规范草案。

3）讨论与审定

制度草案提出后，要广泛征求意见，反复讨论修改。最后完善定稿，报制度审定部门审批。

4）试行

将制度在组织内试行，经进一步修改、检验，使之完善。

5）正式执行

将制度规范以正式的、具有法律效果的文件形式颁布实施。

（3）管理制度的制订

不同组织的管理制度各不相同。就企业而言，管理制度主要包括专项管理制度和部门（岗位）责任制度。

1）企业专项管理制度的制订

这是指在企业生产经营过程中，对各项专业管理工作的范围、内容、程序、方法、标准等所做的制度规定。通过企业专项管理制度的制订与实施，明确工作程序、方法与应达到的标准，规范与制约各项管理活动与行为，以保证各项管理工作的科学化与效率化。专项管理制度要依据不同企业的实际进行设计与制订。企业专项管理制度的内容一般主要包括：

①该项管理工作的目的、地位与意义。

②做好该项工作的指导方针与原则。

③开展该项管理工作的依据和采集信息的渠道。

④该项管理工作的范围与内容。

⑤该项管理工作的具体程序、方法与手段。

⑥该项管理工作完成的时限与达到的标准。

⑦该项管理工作的主管部门、承担者与相关部门。

⑧该项管理与其他专项管理之间的关系等。

企业专项管理制度通常采用条例或规定的形式。其制订一般根据现有组织的高层提出的总的指导方针与部署方案。由各职能部门或业务单位依据专业要求制订制度草案；经有关专业人员与群众参与讨论研究，反复修订，最后经授权部门批准颁布。

2）部门（岗位）责任制

这是指对工作部门或工作岗位（个人）的工作责任与奖惩所做的规定。部门（岗位）责任制主要包括的内容有：各部门或工作岗位（个人）的工作范围、工作目标与标准、职责与职权、工作标准、工作绩效与奖惩等。责任制可分为部门责任制和岗位责任制。前者主要规定各职能部门或生产经营单位的工作范围、目标、权限、协作关系等，以保证实行科学有序的管理；后者主要是规定岗位（主要指个人）的职责、工作程序与方法、达到的标准以及相应的奖惩等，以保质保量地完成工作任务。

部门（岗位）责任制，要在企业的原则指导下，由各部门员工起草制订，最后由主管部门或人员审批颁布。在制订过程中，要特别注意既要发挥本部门与本岗位人员的专业优势，使责任制更符合实际与体现专业特点，又要由上级严格把关,使所制订的标准先进合理,奖惩有一定力度,将在标准上先进合理与在操作上可行便捷统一起来。

（4）技术与业务规范的制订

企业的技术与业务规范主要有生产技术标准、生产技术规程等。

1）生产技术标准

这是对企业产品或工程等在质量、技术、规格等方面所做的规定。这主要体现为一种质量与水平性质的标准。根据制订的单位与使用的范围,我国企业执行的技术标准分为国家标准、地方标准、行业标准和企业标准。

2）生产技术规程

这是对企业的产品设计、生产制造、服务运作、设备使用与维护等生产技术活动的程序、方法所做的规定。其主要内容是生产经营活动的基本流程与要求。

3）技术与业务规范制订的基本要求

①要严格按照生产经营过程中客观规律的要求进行设计。技术与业务规范更直接地反映了技术规律、经济规律与管理规律的要求,因此,在设计与制订的过程中,必须研究规律、把握规律、运用规律,充分体现规律的要求。

②应坚持先进的管理思想,反映先进的技术水平。制订技术与业务规范一定要体现先进性。

③必须从本企业的实际出发。要使所制订的技术与业务规范不但先进而且可行,以充分发挥其规范与制约作用。

④要充分发挥专业人员与群众的作用。专业人员与群众是技术与业务规范的执行者,在实践中对技术与业务过程最熟悉,最有资格制订技术与业务规范。要调动他们研究技术规律、参与规范制订的积极性,发挥其创造性,使他们参与起草、制订的全过程,以提高技术与业务规范的科学性、可行性,并增强员工贯彻执行规范的自觉性。

（5）制度规范的执行

组织制度规范在执行过程中应注意以下几方面:

①加强宣传教育。要利用各种有效途径与方式,将组织的规章制度向组织的全体成员进行宣传,做到"家喻户晓",并教育组织成员认真贯彻实施。

②明确责任,狠抓落实,严格执行。组织制度规范的生命就在于执行。再好的制度,如果束之高阁,也是毫无意义的。贯彻执行制度规范,必须有严格的责任制度保证,并狠抓落实、严格执行。

③坚持原则性与灵活性的统一。在具体工作实践过程中,必须依法办

事,保证规章制度的严肃性;同时,一定要结合具体情况,灵活而创造性地执行制度,注重规章制度的实效。

④加强考核与监督。制度规范工作的重点在落实,而落实的关键在于考核与监督。执行制度规范,只停留在号召与要求上是远远不够的。最关键的是搞好制度贯彻情况的监控,进行科学的考核,实行严格的监督。

⑤加大奖惩力度。制度与规范的执行总是要有这样或那样的困难,特别是可能要涉及利益冲突,因此,必须用较大力度的奖惩手段对制度加以推进与保证。制度执行好的,就应该有奖励;执行不好的就应受到处罚。通过加大奖惩力度来保证制度的实施,并放大制度规范的作用。

⑥跟踪控制,在适当时机进行调整与进一步完善。

(6)制度化管理

1)制度化管理的实质与优越性

①制度化管理的概念。组织中的制度化管理或称规范化管理,就是国家管理中的"法治"模式,它是同"人治"相区别的。所谓制度化管理,就是倚重制度规范体系进行管理的模式。

②制度化管理的实质。制度化管理的实质就是依靠由制度规范体系构建的具有客观性的管理机制进行管理。制度化管理由于依靠的是管理机制进行管理,因此具有很强的客观性、规范性、正规性、稳定性;而"人治"依靠的是管理者的个人权威及其情感好恶进行管理。

③制度化管理的优越性:

A. 制度化管理的科学性。由于制度化管理是靠管理机制进行管理,因此较好地体现相关规律的要求,使管理更科学、更可行、更有效率。

B. 制度化管理的客观性。制度化管理实行的是"法治",而不是"人治",使管理行为更具有客观性,能最大限度地排除人为因素的不利影响。

C. 制度化管理的规范性。由于有成文的制度,有法可依,管理工作可以按程序进行,可以实现工作的标准化。

D. 制度化管理的稳定性。制度化管理依靠制度体系与机制进行管理,因此稳定性是比较高的。

2)制度化管理的要求

①要建立健全科学、系统的制度规范体系,特别是注重管理机制的改革与建设。这是制度化管理的前提与基础。

②要树立"法治"观念,在组织内树立制度规范的权威。"法治"是现代社会治理的基本准则之一,组织的全体成员都要牢固树立"依法治事"的观念;组织制订的制度规范就是组织中的法规,"法律面前人人平等",组织的

全体成员都必须严格执行。

③要加大授权,凭借制度化管理机制进行管理。制度化管理的实质就是依靠由制度规范体系构建的管理机制进行管理,这就要求以完整的制度规范体系为基础,实行充分授权,构建科学而权威的规范管理机制,基层或被管理者以制度规范为"准绳",自觉规范、约束、协调组织与个体的行为,维系运行秩序,实现组织目标。

④要将坚持制度的严肃性与尊重人、调动人的积极性和创造性有机结合起来。制度化管理注重制度规范的作用,但绝不意味着忽视人的因素,而是必须与人的活力、人的积极性、主动性、创造性以及人的社会联系与情感因素有机地结合起来,这样才能取得制度化管理的最大功效。

链接 制度管理贵在坚持

国内大多数企业的管理者都精于业务,偏重经营,强调业绩,而疏忽管理,从而导致部分企业发展缓慢或停滞不前,甚至直接导致企业的经营寿命不长。尽管他们都知道制度管理的重要性,并建立了各种制度,但往往不能持久地执行,有时制度的制订者竟然成为制度的率先破坏者。究其根源,还是企业管理者身上的某些不良管理习惯在作祟。

1. 增删制度,随心所欲

一些企业在制订制度时,不是根据企业的实际情况和需要,而是一味仿效成功企业所用制度,或简单拷贝,或东搬西抄。这样制订出来的制度,科学性、准确性、系统性都存在问题,一旦执行,先天缺陷即暴露无遗。于是企业管理者会发出增删制度的命令。其实,成功企业各有各的特色,各有各的企业文化和管理机制,因此,在制订管理制度时切忌生搬硬套。

2. 藐视制度,执行不力

一些企业的管理制度,时常会出现前后矛盾、左右冲突的尴尬状况。多数企业管理者这时不是考虑怎样系统地完善制度,而往往会指示执行者:制度是死的,人是活的,不能死抱着制度不放,原则性应该和灵活性相结合。言下之意是制度不必事事、时时执行,于是制度的权威性就被打了折扣。

3. 执行制度,网开一面

当某些特殊人才,如业务骨干,出现了违规行为时,管理者往往不愿执行制度,或网开一面,或从轻发落,并美其名曰:特事特办,个案处理。管理者也意识到这种做法对企业的制度化管理不利,所以还会补充叮咛一句"下不为例"。

有些习惯,在管理者看来可能是小事一桩,但对员工来讲,制度的严肃性、真实性就会大打折扣。管理者随心所欲的管理习惯对企业的危害是致命的。因此,只有在保持制度的稳定性的同时不断地加强制度的执行力度,才能真正让制度管理落到实处。

[案例启示]

案例 3.2 银子哪儿去了?

云南某工厂有一个生产车间是从粗铅中提炼生产银子,原料是从厂外多方购进的铅锭。有一段时间,该车间生产的银子产量下降了,几百千克银子不知去向。车间分析原因却不得其解,因为按照进厂铅锭的含银量计算电解银产量,回收率确实下降了,但车间的生产工艺、技术条件这段时间并没有任何变化。那么银子哪儿去了?有管理者以为发生了偷盗,车间里人心惶惶,人人自危。后来,通过一段时间工艺上的反复验证,终于查清了问题出在粗铅中含银量不真实,分析取样的含银量超出了粗铅中实际的含银量。那怎么会出现这一严重的误差呢?原来,一个不法分子获悉了该厂的化验员分析取样的操作规律——取样点总是固定在一些特定位置上(如图3.7所示),于是他命人在浇注粗铅时,在这些位置添加了银粉,使这些取样点周围的含银量远高于整块铅锭的含量,这样工厂购进的粗铅中的含银量必然低于取样得到的数值,电解后自然不会生产出这么多银子。银子看上去是丢失了,实际上原料中根本就没有这么多银子,因而给工厂造成了巨额的损失。

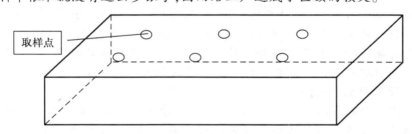

图 3.7　铅锭取样示意图

这个案例说明工厂的制度化建设非常重要。工厂一定要有好的制度,而且好的制度一定要得到实施。假如该厂制订的取样操作规程要求每次都随机取样,而不是固定位置,或者是有了这样的规程而且取样人员严格按规程操作了,那么这样的错误和损失完全可以避免。

类似原料取样分析失误的事,在许多类似的企业屡见不鲜,说明制度化建设对工厂来说至关重要。

案例 3.3 历史学家分粥

英国历史学家阿克顿(1834—1902)讲述的这个故事广为流传:有 7 个人

组成的小团体,其中每个人都是平凡而且平等的。他们没有凶险祸害之心,但不免自私自利。他们想用非暴力的方式,通过制订制度来解决每天的吃饭问题——要分食一锅粥,但并没有称量用具或有刻度的容器。这里有几种不同的分配方法:

· 指定一个人负责分粥事宜

很快大家发现,这个人为自己分的粥最多。于是又换了一个人,结果总是主持分粥的人碗里的粥最多最好。阿克顿的结论是:权力会导致腐败,绝对权力导致绝对腐败。

· 大家轮流主持分粥,每人一天

这样等于承认了个人为自己分粥的权力,同时给予了每个人为自己多分粥的机会。虽然看起来平等了,但是每个人在一周中只有一天吃得饱而且有剩余,其余6天都饥饿难挨。大家认为这种办法造成了资源浪费。

· 大家选举一个信得过的人主持分粥

开始这位品德尚属上乘的人还能公平分粥,但不久他开始为自己和溜须拍马的人多分。

· 选举一个分粥委员会和一个监督委员会,形成监督和制约

这时公平基本做到了,可是由于监督委员常常提出各种议案,分粥委员会又据理力争,等分粥完毕时,粥早就凉了。

· 每个人轮流值日分粥,但是分粥的那个人要最后一个领粥

令人惊奇的是,在这个制度下,7只碗里的粥每次都是一样多,就像用科学仪器量过一样。每个主持分粥的人都认识到,如果7只碗里的粥不相同,那么他确定无疑将享用那份最少的。

这个故事对我们的启示是:同样是7个人,不同的分配制度,就会有不同的结果。因此,一个企业如果有一个良好的制度,就能够解决企业内部的混乱问题。

[本章小结]

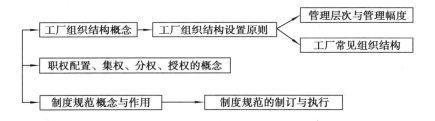

[复习思考题]

1. 工业企业常见的组织结构有哪些？怎样设置工业企业组织结构？

2. 什么叫管理层次？什么叫管理幅度？它们之间的关系如何？

3. 就你熟悉的工厂为例，绘制其组织结构图，并分析这种管理模式的优缺点，提出改进的措施。

4. 集权和分权的优缺点是什么？结合实例谈谈如何进一步完善集权和分权。

5. 工厂制度化建设的作用是什么？

6. 谈谈自己对岗位操作规程等工厂规章制度重要性的认识。

第 4 章
生产管理的领导

【知识目标】

1. 理解领导的概念和实质,知道领导的手段;

2. 理解指挥的概念与方式,知道指挥所需要的条件;

3. 理解管理方格理论的含义;

4. 理解激励的概念、作用、特点和要素、方式、手段;

5. 理解需要层次论的含义;

6. 理解沟通的概念、形式与技巧。

【能力目标】

1. 能够弄清领导所要做的工作是什么,如果自己是一个领导应该怎么做;

2. 能够根据需要激励人员需求,如本班级同学,按照需要层次理论原理给予适当激励;

3. 能够掌握沟通的技巧,进行沟通和改进沟通效果。

企业要实现生产活动,必须要有相应的组织机构,还必须有具有领导能力的人作为它的领导者。这种能力至少由 3 部分组成,一是适时了解组织成员动机的能力;二是鼓舞人们士气的能力;三是营造组织所需环境气氛的能力。因此,领导者的领导作用非常重要,一个优秀的企业家成就了优秀的企业,这种例子举不胜举,如张瑞敏成就了世界知名的海尔集团,牛根生创造了后来居上的蒙牛集团。

4.1　领导的实质和手段

4.1.1　领导的概念

管理者在计划、组织职能完成之后,就要执行领导职能,即领导所属人员去实现组织的目标。这是管理者最经常性的职能。

(1)领导的概念

领导是指管理者指挥、带领和激励下属努力实现组织目标的行为。这个定义包含 4 个方面内容:

①领导的主体是组织的管理者,领导的客体是管理者的部下,有部下并对其施加影响才可称之为领导。

②领导的作用方式是带领与影响,包括指挥、激励、沟通等多种手段。

③领导的目的是有效实现组织的目标。

④领导是管理者一种有目的行为,是管理者的一个重要职能。

管理学中所说的具有四大职能的领导是一种行为,是动词,与我们日常生活中常说的某某领导的概念不同,后者指担任一定职务的官员,是名词。

(2)领导与管理两个概念的关系

在管理学中所说的管理是一个宽泛的概念,是指为实现目标而对整个组织施加影响的全部行为或过程。而领导只是管理中的一个职能。领导只是在管理过程中,继计划与组织职能之后,带领与影响部下组织实施的行为。

在日常管理中,领导由于具有带领下属的性质,在狭义上是指决策、指挥、带领下属的直线管理职能,是组织的直线管理者,特别是高层管理者的管理行为;与之相对应,管理有时在狭义上是指不带领下属的职能管理者所从事的执行性、事务性、操作性行为,如后勤事务管理。

4.1.2　领导的实质

领导实质上是一种对他人的影响力,即管理者对下属及组织行为的影响力。这种影响力能改变或推动下属及组织的心理与行为,为实现组织目标服务。这种影响力可以称为领导力或领导者影响力,管理者对下属及组织施加影响力的过程就是领导的过程。

领导工作有效性的核心内容就是领导者影响力的大小及其有效程度。管理者要实施有效的领导,最关键的就是要增强其对下属及组织影响力的强度与有效性。

4.1.3　领导的手段

领导作为一种影响力,其施加作用的方式或手段主要有指挥、激励和沟通。

(1)指挥

指挥是指管理者凭借权威,直接命令或指导下属行事的行为。指挥的具体形式有:部署、命令、指示、要求、指导、帮助等。指挥具有强制性、直接性、时效性等特点。指挥是管理者最经常使用的领导手段。

(2)激励

激励是指管理者通过作用于下属心理来激发其动机、推动其行为的过程。激励的具体形式包括能够满足人的需要,特别是心理需要的种种手段。激励具有自觉自愿性、间接性和作用持久性等特点。激励是管理者调动下属积极性、增强群体凝聚力的基本途径。

(3)沟通

沟通是指管理者为有效推进工作而交换信息、交流情感、协调关系的过程。具体形式包括:信息的传输、交换与反馈,人际交往与关系融通,说服与促进态度(行为)的改变等。这是管理者保证管理系统有效运行,提高整体效应的经常性职能。

此外,领导也是一种服务,即为下级出主意,进行指导,创造条件等。这些工作形式与上述 3 种领导手段有一定程度的交叉,因此,这里主要研究指挥、激励和沟通 3 种基本领导手段。

4.2 指 挥

4.2.1 指挥的概念与方式

生产管理中的指挥,指管理者在生产过程中运用指示、部署、安排、指导与协调等基本手段,保证生产有效进步,实现生产目的的活动。指挥是领导者实施领导的一种常用方式,它具体体现为事前准备工作。

(1)要"吃透两头"

指挥有效实施的前提,是"吃透两头"。即一方面,正确把握目标任务要求,理解目标与任务的本质内涵、工作标准与完成时限,以便准确地加以落实;另一方面,要全面了解与任务相关的环境、条件等因素,因地因时制宜,量力而行,以保证有针对性地落实。

(2)配置好资源

为确保工作任务的落实与目标的实现,必须合理地配置资源。特别是人员、资金与所需物资,在数量与质量上与实现工作任务的要求相匹配。这是目标与任务落实的基础。

(3)选准时机

工作目标与任务的落实,必须要抓住时机。借助某种机遇来推进目标与任务的落实,充分利用各种有利的时机、氛围、条件,为任务的落实创造尽可能好的环境因素,这是工作落实的重要环节。

(4)部署任务

要有效地实现目标,就必须科学地进行部署,狠抓工作的落实。"抓而不紧,等于不抓"。

①要进行目标与任务的层层分解,把企业的目标分解落实到部门与人员。

②要使下级明确目标标准与完成时限,实行目标与任务的量化管理。

③制订详尽可行的对策计划与落实措施。

④资源、条件、权限要落到实处,以确保目标与任务的实现。

（5）实行严格的工作责任制

工作落实的关键是人员责任的落实。好的工作实施体系最重要的是建立科学有效的责任制。

①要明确责任者，包括直接责任者、第一责任者。

②要落实责任，特别要将量化的标准与完成时限落实到人。

③实行充分授权，使责任者有职有权，以保证任务的完成。

④要建立有效激励与严厉的责任追究措施与制度。

（6）抓好指导与激励

在工作实施的过程中，管理者负有重要的指导与激励责任。管理者要结合工作实际，及时地进行指挥与指导，并适时地进行激励，最大限度地调动员工努力工作的积极性，以促进工作的有效开展。

（7）注重工作协调

通过各种管理手段，解决组织运行中的各种矛盾，使生产管理活动平衡、有效地运行。

4.2.2　指挥的条件——权力

领导者进行指挥的条件就是要拥有权力。权力包括对人、财、物、资源、信息等的掌握和支配。只有这样，指挥才有效用。权力是管理者行使领导职能最重要的条件，管理者凭借权力与权威进行有效的指挥。

（1）领导权力的概念

领导权力广义上包括两个方面：一是管理者的组织性权力，即职权。这是由管理者在组织中所处的地位赋予的，并由法律、制度明文规定，属正式权力。这种权力直接由职务决定其大小以及拥有与丧失。二是管理者的个人性权力，主要指管理者的威信。这种权力主要不是靠职位因素，而是靠管理者自身素质及行为赢得的。因职位而拥有的职权，即为狭义上讲的权力，而个人性权力则包括在广义的权力概念中。

（2）权力相关概念的实质与关系

①权力实质上就是指管理者对组织及其成员的影响力，即上面所讲的领导影响力。广义上的权力包括职权与威信，即组织影响力与个人影响力。

②职权实质上是管理者在组织规定的范围内对下级行为所拥有的支配力。它具有明确性、直接性、强制性等特点。例如,命令下级干什么或禁止干什么,要求下级必须服从。

③威信实质上是管理者在领导过程中所形成的对下级的感召力。它具有隐含性、间接性和非强制性等特点。例如,管理者以高尚品德或技术专长而赢得下级的敬仰。此时,下级会发自内心地自觉服从其领导。

④权威是指管理者所拥有的对他人的影响与威信。权威是一种以威信为核心的影响力,不一定有职位性质的职权。

同时,权力、职权、威信与权威,在实际应用中存在大量交叉。本书所研究的管理者的权力可以作为其统称。

4.2.3 管理方格理论

管理方格理论是由美国管理学家布莱克和穆顿在1964年提出的。他们认为,领导者在对生产(工作)关心与对人关心之间存在着多种复杂的领导方式,因此,用两维坐标图来加以表示。以横坐标代表领导者对生产的关心;以纵坐标代表领导者对人的关心。各划分9个格,反映关心的程度。这样形成81种组合,代表各种各样的领导方式,如图4.1所示。

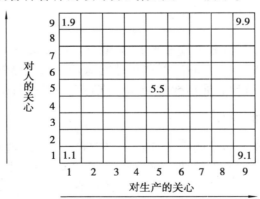

图4.1 管理方格

管理方格中有5种典型的领导方式,试简要分析如下:

(1)1.1:放任式管理

领导者既不关心生产,也不关心人,是一种不称职的领导。

(2)9.1:**任务式管理**

领导者高度关心生产任务,而不关心员工。这种方式有利于短期内生产任务的完成,但容易引起员工的反感,对长期管理不利。

(3)1.9:**俱乐部式的管理**

领导者不关心生产任务,而只关心人,热衷于融洽的人际关系。这不利于生产任务的完成。

(4)9.9:**团队式的管理**

领导者既关心生产,又关心人,是一种最理想的状态。但是,在现实中是很难做到的。

(5)5.5:**中间道路式管理**

即领导者对生产的关心与对人的关心都处于一个中等的水平上。在现实中相当一部分领导者都属于这一类。

一个领导者较为理性的选择是:在不低于5.5的水平上,根据生产任务与环境等情况,在一定时期内,在关心生产与关心人之间做适当的倾斜,实行一种动态的平衡,同时最好把关心生产与关心人结合起来,如对生产效果好的员工给予表扬、重用奖励等,努力向9.9靠拢。

4.3 激 励

4.3.1 激励的概念、作用、特点和要素

(1)**激励的概念**

激励的原意是指人在外部条件刺激下出现的心理紧张状态。管理中的激励,是指管理者运用各种管理手段,刺激被管理者的需要,激发其动机,使其向所期望的目标前进的心理过程。

(2)**激励在管理中的作用**

激励的最主要作用是通过动机的激发,调动被管理者工作的积极性和创

造性,自觉自愿地为实现组织目标而努力。即其核心作用是调动人的积极性。

(3)激励的特点

激励作为一种领导手段,与前面所讲的凭借权威进行指挥相比,最显著的特点是内在驱动性和自觉自愿性。由于激励是起源于人的需要,是被管理者追求个人需要满足的过程,因此,这种实现组织目标的过程不带有强制性,而完全是靠被管理者内在动机驱使的、自觉自愿的过程。

(4)激励要素

构成激励的要素主要包括:

①动机。激励的核心要素就是动机,关键环节就是动机的激发。

②需要。需要是激励的起点与基础。人的需要是人们积极性的源泉和实质,而动机则是需要的表现形式。

③外部刺激。这是激励的条件。外部刺激主要指管理者为实现组织目标而对被管理者所采取的种种管理手段及相应形成的管理环境。

④行为。这是激励的目的,是指在激励状态下,人们为动机驱使所采取的实现目标的一系列动作。

动机、需要、行为与外部刺激这些要素相互组合与作用,构成了对人的激励。

4.3.2　激励方式与手段

有效的激励,必须通过适当的激励方式与手段来实现。按照激励中诱因的内容和性质,可将激励的方式与手段大致划分为 3 类:物质利益激励、社会心理激励和工作激励。

(1)物质利益激励

物质利益激励是指以物质利益为诱因,通过调节被管理者物质利益来刺激其物质需要,以激发其动机的方式与手段。主要包括以下具体形式:

1)奖酬激励

奖酬包括工资、奖金、各种形式的津贴及实物奖励等。虽然对于国外一些较高收入水平的人来说,工资、奖金已不成为主要的激励因素,但对于我国相当一部分收入水平较低的人来说,工资、奖金仍是重要的激励因素。奖励激励要遵循以下原则:

①设计奖酬机制与体系要为实现工作目标服务。这是奖酬能否发挥激励作用及其作用大小最重要的问题。也就是说,奖酬的形式、奖酬与贡献挂钩的办法、奖酬发放的方式等,都要根据有助于促进工作目标实现来设计和实施。而其中的关键又是奖酬与贡献直接挂钩的科学化与定量化。管理者必须善于将奖酬的重点放在管理者关注的重点上,以引导下属为多得奖酬而多干工作,从而通过利益驱动实现组织目标。离开目标与贡献来发放奖酬,就不会产生激励作用,甚至会南辕北辙,起副作用。

②要确定适当的刺激量。用奖酬手段进行激励,必然涉及刺激量的确定。奖酬刺激量一是表现为奖酬绝对量,即工资、奖金的数量大小;二是表现为奖酬的相对量,即工资奖金同一时期不同人的差别以及同一个人不同时期的差别。奖酬激励作用主要取决于相对刺激量,即同一时期不同人之间的奖酬差别以及个人不同时期奖酬变化的幅度。这正体现了公平理论的要求。在实际工作中,既要有选择地实行重奖,以期引起轰动和奖励效应,又要防止不适当地扩大刺激量,招致员工产生不公平心理。

③奖酬要同思想政治工作有机结合。奖酬的作用是重要的,但也不能搞金钱万能,必须注意辅以必要的思想工作及其他激励形式,尽可能限制物质刺激的副作用。

2)关心照顾

管理者对下级在生活上给予关心照顾,是激励的有效形式。它不但使下级获得物质上的利益和帮助,而且能获得受尊重和归属感上的满足,从而可以产生巨大的激励作用。一个平时不关心下属的管理者,遇有紧急任务时,下属不会积极地给予合作与支持。日本企业经理重视给员工过生日,就是采用这种关怀激励的方式。对下属的关心照顾,包括员工集体福利,帮助解决员工各种生活困难,关心和帮助解决员工各种思想、工作及其他方面的困难。

3)处罚

在经济上对员工进行处罚,是一种管理上的负强化,属于一种特殊形式的激励。运用这种方式时要注意:必须有可靠的事实根据和政策依据,令其心服口服;处罚的方式与刺激量要适当,既要起到必要的教育与震慑作用,又不要激化矛盾;也要同深入细致的思想工作结合,注意疏导,化消极为积极,真正起到激励作用。

(2)社会心理激励

社会心理激励,是指管理者运用各种社会心理学方法,刺激被管理者的社会心理需要,以激发其动机的方式与手段。这类激励方式是以人的社会心理因素作为激励诱因的。主要包括以下一些具体形式:

1）目标激励

目标激励即以目标为诱因,通过设置适当的目标,激发动机,调动积极性的方式。员工在管理中的自觉行为,都是追求目标的过程,正是一个个目标,引导着员工去采取一个又一个行动。因此,追求目标的实现是满足人的需要的重要途径,目标成为管理激励中极为重要的诱因。可用以激励的目标主要有 3 类:工作目标、个人成长目标和个人生活目标。管理者可通过对这 3 类目标的恰当选择与合理设置有效调动员工的积极性。

①尽可能增大目标的效价。根据弗鲁姆的期望理论,激发力量大小取决于效价及概率。管理者在设置目标时,一是要选择下级感兴趣、高度重视的内容,使所选择的目标尽可能多地满足下级的需要;二要使目标的实现与奖酬或名誉、晋升挂钩,加大目标实现的效价;三要做好说明、宣传工作,使下级能真正认识到目标的社会心理价值及其实现所带来的各种利益。

②增加目标的可行性。只有通过努力能够实现的目标,才能真正起激励作用。目标的程度要适中,好像摘桃子一样,通过劳动能达到,也就是"跳一跳能摸到的高度";如果不需跳就能摸到,说明目标太易达到;使劲跳也摸不到,说明目标太难达到,两者都起不到激励的作用。同时目标水平要先进合理,要具备相应的实施条件,要具有可操作性,并做好必要的说明解释工作,使下级充分认识到实现的可能性。

2）教育激励

教育激励是指通过教育方式与手段,激发动机、调动下级积极性的形式。具体包括:

①政治教育。如通过世界观教育、爱国主义教育、敬业爱岗教育等,提高员工的觉悟,激发他们的政治热情和工作积极性。

②思想工作。要通过个别沟通、谈心等多种方式,做深入细致的思想工作,以收到预期的激励效果。做好思想工作的关键在于深入探索人的思想规律,提高思想工作的科学化程度,克服说做不一致的空洞的政治说教现象,以求实效。

3）表扬与批评

表扬与批评是管理者经常运用的激励手段。要讲究表扬与批评的艺术,因为它将直接关系到表扬与批评的效果。主要应注意以下几点:

①坚持以表扬为主,批评为辅。表扬为主,能够满足人们受尊重心理需要,易于为下级接受,效果较好;但必要的批评也不可或缺,放弃了批评,就是对违纪的放纵,就是对权力的放弃。

②必须以事实为依据。无论是表扬,还是批评,都必须尊重事实。如果失实,就会造成南辕北辙的不良后果。

③要讲究表扬与批评的方式、时机、地点,注重实际效果。例如,当众表扬与批评可能对别人的震慑作用大,教育效果明显;但当众批评也会引起受批评者的强烈反感。管理者要根据问题的性质、表扬与批评对象的身份与心理特点,科学地选择适宜的方式。此外还要注意进行的时机与场合等因素。

④批评要对事不对人。针对某人的过失批评,他会心服口服,而如果因一个过失,就批评这个人本身,指责其人格,甚至斥责其动机,则极易引起受批评者反感,从而引起对立与冲突,使批评失败。

⑤要限制批评的频次,尽量减少批评的次数,否则,会冲淡教育效果。同时,要一事一评,切不可批评一次,将过去发生的多个问题来个算总账,这样,不但重点不突出,而且还会引起受批评者的反感和抵触。

⑥批评与表扬的适当结合。当批评一个人的缺点时,应首先肯定其优点与成绩,这样,受批评者觉得受到公正对待,容易接受批评。有时,如有必要,在表扬一个人的时候,也可以提示一下其缺点,这样可使其心悦诚服地克服缺点。

4)感情激励

感情激励即以感情作为激励的诱因,调动人的积极性。现代人对社会交往和感情的需要是强烈的,感情激励已成为现代管理中极为重要的调动人的积极性的手段。感情激励主要包括以下几方面内容:

①在上下级之间建立融洽和谐的关系。管理者对下级的影响力一个重要来源是亲和权。这就要求管理者要高度重视与下级的个人关系,使关系融洽,或有较深的友谊,以增强亲和力。

②促进下级之间关系的协调与融合。组织中各成员之间的关系,也会影响到组织目标的实现。需要对非正式组织关系进行积极引导,以尽可能满足各成员社会交往的需要。

③营造健康、愉悦的团体氛围,满足组织成员的归属感。管理者应注意以维系感情为中心,组织开展各种健康、丰富多彩的组织文化活动,营造愉悦的团体氛围,使每个成员以置身于这一团体而感到满意和自豪,满足其归属感,创造一种高质量的社会生活,从而实现有效激励,令其自觉地、心情愉快地为实现组织目标努力工作。

5)尊重激励

随着人类文明的发展,人们越来越重视尊重的需要。管理者应利用各种机会信任、鼓励、支持下级,努力满足其尊重的需要,以激励其工作积极性。

①要尊重下级的人格。上下级只是管理层次和职权的差别,彼此之间是平等的。管理者应尊重自己的下级,特别是尊重其人格,使下级始终获得受到尊重的体验。

②要尽力满足下级的成就感。要尊重下级自我实现的需要,创造条件鼓励和支持下级实现自己的工作目标,追求事业的成功,以满足其成就感。

③支持下级自我管理,自我控制。管理者要授权于下级,充分信任他们,放手让下级实行自我管理,自我控制,以满足其自主心理。

6)参与激励

参与激励即以让下级参与管理为诱因,调动下级的积极性和创造性。下级参与管理,有利于集中群众意见,以防决策的失误;有利于满足下级受尊重的心理需要,从而受到激励;有利于下级对决策的认同,从而激励他们积极自觉地去推进决策的实施。支持下级参与管理或称民主管理,主要注意以下几点:

①增强民主管理意识,建立参与的机制。管理者与被管理者双方都要树立民主管理既是员工政治权利,又是现代管理方式的意识,要自觉地推进其实施。同时,要建立科学而且可行的员工参与管理的制度、结构、程序和方法,从制度方法体系上保证民主管理的实施。

②真正授权于下级,使下级实实在在地参与决策和管理过程。绝不能把民主管理作为摆设,走过场,而必须充分发挥员工民主管理的作用。

③有效利用多种参与形式,鼓励全员参与。在我国国有企业中,民主管理的形式主要有:职工代表大会、合理化建议制度、目标管理、基层民主管理活动等,要依实际需要加以运用。同时,采取措施鼓励全体员工在各个管理层次和各个管理环节上,全面参与管理活动,以最大限度地开发员工的潜能,调动其积极性和创造性。

7)榜样激励

"榜样的力量是无穷的",管理者应注意用先进典型来激发下级的积极性。榜样激励主要包括以下两方面:

①先进典型的榜样激励。管理者要注意发现和总结先进事迹和先进人物,以他们的感人事迹来激励下级。应用中,要注意事迹的真实性、与下级人员工作的可比性、可学性等,真正令下级服气,感动并激励下级。

②管理者自身的模范作用。即管理者号召和要求下级做到的,自己首先要做到,应身先士卒,率先垂范,以影响、带动下级。实践中,一定要做实实在在的事,而不是做表面文章;要始终一贯,而不要一时心血来潮。

8)竞赛(竞争)激励

人们普遍存在着争强好胜的心理,这是由于人谋求实现自我价值、重视自我实现需要所决定的。管理者结合工作任务,组织各种形式的竞赛,鼓励各种形式的竞争,就会极大地激发员工的热情、工作兴趣和克服困难的勇气与力量。在组织竞赛、鼓励竞争的过程中,注意以下几方面:

①要有明确的目标和要求,并加以正确的引导。这样,确保竞赛与竞争能沿着正确的轨道进行,防止偏离组织目标。

②竞争必须是公平的。竞争的基础、条件、起点、过程、成果衡量与对待,都必须是公平合理的。

③竞赛与竞争的结果要有明确的评价和相应的奖励,并尽可能增加竞争结果评价或奖励的效价,以加大激励作用。

(3)工作激励

按照赫茨伯格的双因素论,对人最有效的激励因素来自于工作本身,即满意于自己的工作是最大的激励。因此,管理者必须善于调整和调动各种工作因素,搞好工作设计,千方百计地使下级满意于自己的工作,以实现最有效的激励。实践中,一般有以下几种途径:

1)工作适应性

即工作的性质和特点与从事工作的员工的条件与特长相吻合,能充分发挥其优势,引起其工作兴趣,从而使员工高度满意于工作。既定的一批不同性质的工作岗位,与既定的一批不同素质、特点的员工,如果组合好了,就会使大家都满意于工作,积极性高涨;如果组合不好,人的长处与兴趣都受到压抑,大家则都不满意于工作,工作情绪低落。正因为如此,当有的人将无所作为的废才称为"垃圾"时,有的人则针锋相对地提出:"垃圾"是放错地方的人才。可见,科学合理的人与事的配合是有效激励的重要手段。管理者要善于研究人和工作的性质与特点,用人之所长,用人之兴趣,科学调配与重组,实现人与事的最佳配合,尽可能地使下级满意于工作。

2)工作的意义与工作的挑战性

员工怎样看待自己所从事的工作,直接关系到其对工作的兴趣与热情,进而决定其工作积极性的高低。人们愿意从事重要的工作,并愿意接受挑战性的工作,这反映了人们追求实现自我价值,渴望获得别人尊重的需要。因此,激励员工的重要手段就是向员工说明工作的意义,并增加工作的挑战性,从而使员工更加重视和热衷于自己的工作,达到激励的目的。

3)工作的完整性

人们愿意在工作实践中承担完整的工作。从一项工作的开始到结束,都是由自己完成的,工作的成果就是自己努力与贡献的结晶,从而可获得一种强烈的成就感。

管理者应根据工作的性质与需要以及人员情况,尽可能将工作划分成较为完整的单元分派给员工,使每个员工都能承担一份较为完整的工作,为他们创造获得完整工作成果的条件与机会。

4）工作的自主性

人们出于自尊和自我实现的心理需要，期望独立自主地完成工作，而自觉不自觉地排斥外来干预，不愿意在别人的指使或强制下被迫工作。这就要求管理者能尊重下级的这种心理，通过目标管理等方式，明确目标与任务，提出规范与标准，大胆授权，放手使用，让下级进行独立运作，自我控制。工作成功了，完全归功于下级的自主运作。这样，下级将受到巨大激励，会对自主管理的工作高度感兴趣，并以极大的热情全身心投入，以谋求成功。

5）工作扩大化

影响工作积极性的最突出原因是员工厌烦自己所从事的工作，而造成这种现象的基本原因之一就是工作的单调乏味或简单重复。为解决这一问题，管理者应开展工作设计研究，即如何通过工作调整，克服单调乏味和简单重复，千方百计地增加工作的丰富性、趣味性，以吸引员工。工作扩大化旨在消除单调乏味状况，增加员工工作的种类，令其同时承担几项工作或周期更长的工作。具体形式有：

①兼职作业，即同时承担几种工作或几个工种的任务。

②工作延伸，即前向、后向地接管其他环节的工作。

③工作轮换，即在不同工种或工作岗位上进行轮换。这样，既有利于增加员工对工作的兴趣，又有利于促进人的全面发展，是重要的工作激励手段。

6）工作丰富化

工作丰富化指让员工参与一些具有较高技术或管理含量的工作，即提高其工作的层次，从而使职工获得一种成就感，使其渴望得到尊重的需要得到满足。具体形式包括：

①将部分管理工作交给员工，使员工也成为管理者。

②吸收员工参与决策和计划，提升其工作层次。

③对员工进行业务培训，全面提高其技能。

④让员工承担一些较高技术的工作，提高其工作的技术含量等。

工作扩大化是指从横向上增加工作的种类，而工作丰富化则是指从纵向上提高工作的层次，两者的作用都在于克服工作的单调乏味，拓展工作的内涵或外延，增加职工的工作兴趣。

7）及时获得工作成果反馈

人们对于那种工作周期长，长时间看不到或根本看不到工作成果的工作很难有大的兴趣。而对于只要有投入，立即就能看到产出的工作则兴趣较浓。这也是人们成就感的一种反映。管理者在工作过程中，应注意及时测量并评定、公布员工的工作成果，尽可能早地使员工得到工作的反馈。员工们及时看到他们的工作成果，这就会有效地激发其工作积极性，促使其努力扩大战果。例如,在生产竞赛中及时公布各组的生产进度,会对所有员工产生明显的激励作用。

案例 4.1　美国通用公司总裁的感情激励

1980 年 1 月,在美国旧金山一家医院里的一间隔离病房外面,一位身体硬朗、步履生风、声若洪钟的老人,正在与护士死磨硬缠地要探望一名因痢疾住院治疗的女士。但是,护士却严守规章制度毫不退让。

这位护士真是"有眼不识泰山",她怎么也不会想到,这位衣着朴素的老者,竟是通用电气公司总裁,一位曾被选为"世界最佳经营家"的世界企业巨子——斯通先生。护士也根本无从知晓,斯通探望的女士,并非斯通的家人,而是加利福尼亚州销售员哈桑的妻子。

哈桑后来知道了这件事,感激不已,每天工作达 16 小时,为的是以此报答斯通的关怀。

加州的销售业绩一度在全美各地区评比中名列前茅。正是这种有效的感情激励管理,使得通用电气公司事业蒸蒸日上。

案例 4.2　过时的蛋糕

日本许多企业家非常重视与下属、员工的人际关系,如释放员工的不满情绪,让员工体面地、恰当地发泄不满。有一家企业,在一些隐蔽的场所设置了老板的橡皮木偶,职工有气就上去打一顿发泄,发泄完见了老板心中也不再有恶气,笑容满面地跟老板打招呼。有的企业为体现对员工的关心,注意了解员工家庭情况及员工的情绪变化,不失时机地给予问候。老板在一位对自己有恶气的员工生日那天,亲自登门拜访,送来了生日蛋糕,员工非常地感激,一切恶气都烟消云散,工作起来更加勤奋。

国内有一个总经理学了 MBA 中的有关案例,受到启发,认为让自己的偶像被人打不可取,给员工送蛋糕的做法不错,于是他请人登记好每位员工的生日,届时由他和部门领导携蛋糕登门问候。活动进行不到一月,这位总经理觉得过于麻烦,耽误时间,于是改为生日时让职工自己到公司领蛋糕。又过了一段时间,总经理觉得公司几百名员工,几乎每天都有人要领蛋糕,效率实在不高,因此又改为所有同一月内过生日的员工统一在该月的特定一天里领取蛋糕。送蛋糕的程序简化了,但送蛋糕的目的却没有达到,甚至起了反作用,员工对这样的简化非常反感,认为总经理看不起他们,好像是在施舍,可怜他们。

生日是每个人的特殊日子,这一天若能得到上司的重视和问候,说明上司器重你、关心你,送蛋糕只是一种形式,重要的是形式下的真诚。日本老板亲自登门,体现了老板对员工的尊重,这种激励正是员工所需要的,因而起到了很好的作用。而中国公司总经理做法,送蛋糕流于形式,毫无诚意,使激励变了味,员工没在自己的生日那天收到蛋糕,而是其他时间去领,反而使员工感觉不被重视。

激励特别要注意人们的需求,特别是精神需要,而且激励要有发自内心的真诚。

4.3.3 需要层次论

需要层次论是由美国心理学家亚伯拉罕·马斯洛于 1943 年提出来的。这一理论揭示人的需求与动机的规律,受到管理学界的普遍重视。

(1)需要层次论的基本内容

马斯洛提出人的需要可分为 5 个层次,如图 4.2 所示。

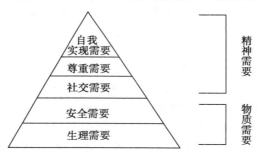

图4.2　人的需要层次

①生理需要。生理需要指维持人类自身生命的基本需要,如对衣、食、住、行的基本需要。他认为,在生理需要没有得到满足之前,其他需要都不能起激励人的作用。

②安全需要。安全需要指人们希望避免人身危险和不受丧失职业、财物等威胁方面的需要。生理需要与安全需要属物质需要。

③社交需要。这是指人们希望与别人交往,避免孤独,与同事和睦相处、关系融洽的欲望。

④尊重需要。当第三层次需要满足后,人们开始追求受到尊重的需要,包括自尊与受人尊重两个方面。

⑤自我实现需要。这是一种最高层次的需要。它是指使人能最大限度

地发挥潜能,实现自我理想和抱负的欲望。这种需要突出表现为工作胜任感、成就感和对理想的不断追求。他认为这一层次的需要是无止境的,一种自我实现需要满足以后,会产生更高的自我实现需要。后3个层次的需要属精神需要。

后来,在这5个层次基础上,他又补充了求知的需要和求美的需要,从而形成了7个层次。他认为:

①不同层次的需要可同时并存,但只有低一层次需要得到基本满足之后,较高层次需要才发挥对人行为的推动作用。

②在同一时期内同时存在的几种需要中,总有一种需要占主导、支配地位,称之为优势需要,人的行为主要受优势需要所驱使。

③任何一种已经满足了的低层次需要并不因为高层次需要的发展而消失,只是不再成为主要激励力量。

(2)需要层次论对管理实践的启示

①正确认识被管理者需要的多层次性。片面看待下属需要是不正确的,应进行科学分析,并区别对待。

②要努力将本组织的管理手段、管理条件同被管理者的各层次需要联系起来,不失时机地、最大限度地满足被管理者的需要。

③在科学分析的基础上,找出受时代、环境及个人条件差异影响的优势需要,并有针对性地进行激励,以收到"一把钥匙开一把锁"的预期激励效果。

需要层次理论提示了人类需求的规律,生活和生产中的许多现象都可以用它来阐释。例如一个乞丐,当他吃不饱、穿不暖,生理需要无法满足,以至于生存都无法保证时,对于安全,他根本就不放在心上,因此他可以露宿街头而不担心被人伤害;而一个丰衣足食的人,他就会考虑安全问题,需要住有防盗功能的住房;一个衣食住行都实现的人,他不会独居,把自己封闭起来,而是需要亲朋好友,并与他们往来,同时还需要结交新的朋友,进入社会;人们在社交活动中,都想体现自己存在的价值,都希望赢得他人的尊重,因此就有竞争,就有一大批方方面面获得成就受到尊重的人;一个社会名人往往很富有,也受到社会的尊重,但他自己拥有的和社会所给予他的,不一定是他所希望的,于是许多名人生活和内心世界实际上并不幸福和快乐,而是充满了忧虑和不安。因此,不难理解当自我实现需要不能满足时,有些名人会走向极端,如香港影星、歌星张国荣跳楼自杀等。同时,也不难理解社会上一些道德高尚的人,在他们经济条件并不宽裕的情况下,他们愿意倾囊相助,资助贫困学生和弱势群体。因为通过这种举动,他内心自我实现的需要实现了,这才是最幸福、最崇高的境界。

需要层次理论对于生产管理的指导意义非常重要,作为一名管理者要了解下属的需要层次,尽可能针对性地给予满足,达到激励的作用。例如,对家庭贫困的职工,应该多给予一些物质利益,对一些积极向上的职工,要多给予表扬和重用,使他们得到尊重和自我实现。

4.4　沟　通

生产的过程是一个技术运用和体力劳动相结合的过程。基层的组织者如车间主任、工段长、班长、组长和广大职工工作在生产第一线要付出艰辛的体力劳动,而工厂的各级管理者则主要从事脑力劳动。在工厂,这两类劳动者之间往往存在隔阂,还有上下级之间、部门之间因工作性质和利益不同,也经常会产生不和谐现象。这些问题若不能引起生产管理者的重视和解决,就会产生消极作用,影响生产效率,甚至出现工人怠工、群体事件等。因此,在生产管理过程中,加强干部与群众之间、干部与干部之间、群众与群众之间的联系非常重要。

4.4.1　沟通及作用

(1)沟通的概念

沟通是指为达到一定的目的,将信息、思想和情感在个人或群体间进行传递与交流的过程。沟通具有目的性、信息传递性和双向交流性等特点。

(2)管理沟通的意义

沟通是重要的领导手段,在管理中具有极为重要的意义。其作用主要表现为:有效实施指挥与激励、保证整个管理系统的协调运行、协调各种人际关系、增强群体凝聚力等。

4.4.2　沟通的有效形式

在工业企业,管理者与员工、管理者与管理者、员工与员工之间因在特定环境范围内工作,因此有一些特定的沟通形式,例如:

（1）职代会等厂级大会

让职工了解工厂生产状况、目标、措施，体现主人翁作用，凝聚人心。

（2）车间大会

让本车间职工了解生产任务、报酬福利等事项，增强透明度。

（3）班前、班后会

班级成员之间工作上进行协调、配合，矛盾问题得到及时化解。

（4）谈话

利用上班间隙与工作之余交谈沟通。

（5）家访

各级管理者对下属的关怀慰问，特别是困难职工家庭。

（6）聚餐

这是工厂沟通的常见和有效形式，上下级之间、同事之间利用各种机会把酒言欢，多少误会都会冰释，哥们弟兄就铁了心。

4.4.3　沟通的技巧

（1）明确沟通目标

管理沟通，作为一种有意识的自觉行为，必须在沟通之前，有明确的目标。沟通的目标决定沟通的具体内容与沟通渠道、方式方法。整个沟通过程都要按目标要求来设定。

（2）了解沟通对象

了解沟通对象，增强沟通针对性。沟通对象的需要、心理、知识、个性等因素对沟通效果影响也是很大的。如果不了解沟通对象的情况，沟通时就如"盲人骑瞎马，夜半临深潭"，也必然导致沟通失败。管理者在沟通前，应利用多条渠道，尽可能多地了解沟通对象多方面的情况，真正做到"知己知彼"，然后，有针对性地进行沟通，方会取得成功。

（3）真诚、热情、助人为乐

沟通技巧固然重要,但在根本上必须做到以诚相待,这是情感沟通的思想基础。管理者在沟通过程中,必须出于高尚的目的,出自真诚地交流信息与思想,实实在在地帮助下级排忧解难,真正达到互助、友谊、双赢的效果。

（4）注重言行效果

①要善于表达。自己要传递给对方的意愿,要通过对方"爱听"的话表达出来,要言之有理,选择对方感兴趣或擅长的话题。

②要善于倾听。沟通是相互的,不是作报告,你说他听。倾听是有效沟通的关键性环节,要以真诚的态度来倾听,包括目光、表情、体态等方面,让对方知道你在洗耳恭听。

③要善于尊重和赞美。在交往与会话的过程中,要注意发现与寻找对方的长处与优点,并出于真诚,实事求是地赞美对方的长处。

[本章小结]

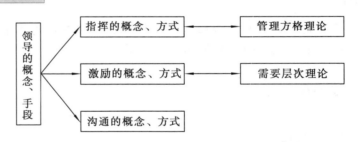

[复习思考题]

1. 生产管理中的领导与我们日常生活中称呼的领导有何不同?

2. 生产管理中领导的手段有哪些?

3. 根据管理方格理论,如何进行有效的指挥?

4. 激励的方式与手段有哪些?结合自己的体会谈谈你感受最深的激励方式。

5. 沟通的技巧有哪些?赞美对方有什么作用?

6. 根据需求层次论的原理,结合手边需要激励的工作实际,提出一个切实可行的激励办法。

第 5 章
生产管理的控制

【知识目标】

1. 理解定置管理的概念、作用、要求和方法;

2. 理解目视管理的概念、方法;

3. 理解 5S 活动的概念、内容和要求;

4. 理解排列图法的概念、作用;

5. 理解因果分析图法的概念、作用;

6. 理解直方图法的概念、作用;

7. 理解网络计划技术的概念、作用。

【能力目标】

1. 能够应用定置管理原理观察分析家庭、宿舍物品摆放状况,进行改进和提高;

2. 能够在家庭、宿舍开展 5S 活动;

3. 能够绘制和应用排列图、因果分析图和直方图;

4. 能够绘制网络图。

生产管理是生产全过程的管理,从建厂到生产,从原料到产品,从整个厂的宏观管理到局部的工段、班组的微观管理,处处可见生产管理的身影。生产的计划、组织、领导是生产管理过程中各级生产管理者的主要职责,生产的控制则更多的是由生产管理者提倡、推动,由生产的操作者主要实施的工作。生产现场的生产管理就是要对生产的各个要素进行有效地控制。我们常常看到这样一种情况:同样的生产线,同样的产品,但不同的工厂却有不同的生产现场。有的工厂物品摆放规范整齐、物流有序、生产效率高,而有的工厂则杂乱无章,效率低下。因此,学习和推行一些实用的生产现场的管理方法对企业来说是非常必要的。

5.1 生产现场实用管理方法

5.1.1 定置管理

(1)定置管理的概念

定置管理是对生产现场中的人、物、场所三者之间的关系进行科学地分析研究,使之达到最佳结合状态的一种科学管理方法。它以物在场所中的科学定置为前提,以完善的信息系统为媒介,以实现人和物的有效结合为目的,通过对生产现场的整理、整顿,把生产中不需要的物品清理掉,把需要的物品放在规定位置上,使其随手可得,促进生产现场管理文明化、科学化,达到高效生产、优质生产、安全生产、文明生产。

(2)定置管理的作用

在生产过程中,操作人员在生产场所要对劳动对象(设备、工具、物品等)发生作用,使其形态或位置发生变化。在作用的过程中,如果人、物、场所之间的关系处理得非常协调,物品摆放合理,无疑就可提高工作效率,保证安全生产。这个原理的运用在生产现场随处可见。实际上,人、物、场所的最佳结合不仅在生产现场是重要的,即使在家庭生活中作用也是突出的。精明的家庭主妇总是能把物品摆放得整齐、有序,使用起来顺手如意,即使是不常用的物品需要时也能很快找到。相反,有的家庭却不注意物品的合理摆放,物品摆得杂乱无章。我们可以从下列两个家庭厨房的设置进行对比分析,如图5.1所示。

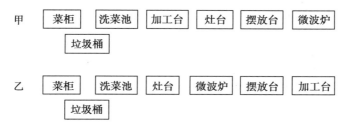

图 5.1　家庭厨房设置示意图

甲家庭的物品摆放按照做饭的顺序进行设置,拣菜、洗菜、切菜、炒菜顺序而成,下厨者每个步骤空间运用合理,行程最短。

乙家庭的物品摆放显得杂乱,洗菜后要到厨房的另一端切菜,切完菜后又要到厨房中间进行炒菜。下厨者完成做饭过程中行程跳跃、交叉,空间运用不合理。如果两人同时作业,问题会更加严重。

同理,不少企业的生产现场都存在类似定置不合理的问题。如某企业的修理车间拥有足够的空间,但却把氧气和乙炔发生器放在同一个角落。表面上看起来整齐了,但实际上却留下了很大的安全隐患。因为一旦出现气体泄漏,又遇到用火不慎,就会引起容器爆炸,带来人员及财产的损失。正确的放置应该是把两者分别放在修理车间的两端,保持一定的安全距离,把加工场所放在中间。这样既消除了安全隐患,又方便操作。

从上面的例子可以看出,定置管理在生产现场的控制中有着显著的作用。

(3)定置管理的基本要求

①人、物、场所的合理组合,提高作业率和生产效率。

②做到工作器具标准化、规范化,为保证产品质量提供有利条件。

③实现现场道路畅通,环境整洁,有利于保障操作人员的安全和身心健康。

④严格按照定置图定置,使现场图、物、场、账一致,减少多余物品的存放,做到节约、高效控制。

(4)开展定置管理的方法

1)方法研究

方法研究是定置管理开展的起点,它是对生产现场现有加工方法、机器设备情况、工艺流程等全过程进行的详细分析研究。确定其方法在技术水平上的先进性,在经济上的合理性,分析是否需要采取更先进的工艺手段及加工方法,进行改造、更新,从而确定工艺路线与搬运路线,使定置管理达到科学化、规范化和标准化。

2）分析人、物结合状态

场所的三种状态中:A 状态是良好状态,B 状态是改善状态,C 状态是需要彻底改造状态。这是开展定置管理的第二个阶段也是定置管理中最关键的一个环节。定置管理的原则是提倡 A 状态,改造 B 状态,清除 C 状态,以达到提高工作效率和工作质量的目的。

3）分析物流、信息流

在生产现场中需要定置的物品无论是毛坯、半成品、成品,还是工装、工具、辅具等都随着生产的进行而按照一定的规律流动着,它们所处的状态也在不断地变化,这种定置物规律的流动性与状态变化,称为物流。随着物流的变化,生产现场也存在着大量的信息,如表示物品存放地点的路标,表示所取之物的标签,定置管理中表示定置情况的定置图,表示不同状态物品标牌,为定置摆放物品而划出的特殊区域等都是生产现场中的信息。随着生产的进行,这些信息也在不断地运动着、变化着,当加工件由 B 状态转化为 A 状态时,信息也伴随着物的流动变化而变化,这就是信息流。通过对物流、信息流的分析,不断掌握加工件的变化规律和信息的连续性,并对不符合标准的物流、信息流进行改正。

4）设计定置图

首先是定置图的设计,其次是信息的标准化工作。设计定置图时应注意:

①对场所、工序、工位、机台等进行定置诊断,根据人机工程学确定是否符合人的心理、生理需要与满足产品质量的需要,做到最大的灵活性和协调性,最大的操作方便性和最少的多余动作,以及切实的安全和防护保障,充分利用空间与时间。

②定置图按统一标准制作,如属于全厂范围内的定置图用 A0 纸幅,分厂(车间)与大型仓库定置用 A2 纸幅,班组定置用 A3 纸幅,机台、工位、工具箱定置图用 A4 纸幅等。

③设计定置图时应尽量按生产组织划分定置区域,如一个分厂有 4 个较大的生产工段,即可在定置图上标出 4 个相应的定置区域。

④设计定置图先以设备作为整个定置图的参照物依次划出加工件定置图、半成品待检区、半成品合格区、产成品待检区、成品合格区、废品区、返修品区、待处理区等。

⑤实施定置。按照定置的设计具体内容进行定置管理,即对生产现场的材料、机械、操作者、方法进行科学的整理、整顿,将所有的物品定位,按图定

置,使人、物、场所三者结合状态达到最佳。

⑥定点放置。任何物品、工具、设备应尽可能放在固定位置,有助于作业者形成习惯,只用较短时间就可拿到身边,减少寻找时间。

⑦双手可及。物品、工具、设备应放在作业者面前或双手随时可及的位置。

⑧按工序排列。工具、物品应依最佳工作序列进行摆放。

⑨使用容器。物品、零件应尽量使用容器。

⑩使用坠送法。尽量利用重力方法坠送零件、材料或成品。

⑪靠近使用点。运用各种方法使装配、加工用的物料靠近作业者身边。

⑫避免担心。场所布置、设施、环境、作业方法应尽量考虑安全可靠性,减少作业者的担心顾虑。

⑬照明通风。工作场所光线应适当,通风良好,温度适宜。

⑭高度适当。工作台和座椅的高度要适宜,应使作业者坐或立时都感到方便、舒适。

⑮考核定置。这是定置管理最后一个阶段。为了巩固已取得的成果,发现存在的问题,不断完善定置管理,就得坚持定期检查与考核工作。一个企业的定置管理开展的好与坏是以定置率为衡量标准的。定置率的计算公式是:

$$定置率 = \frac{实际定置的物品个数(件数)}{应该定置的物品个数(件数)} \times 100\%$$

[案例启示]

案例 5.1　某修理班工具的定置管理

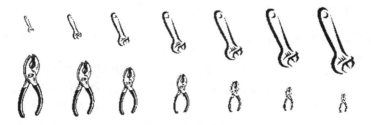

图 5.2　某修理班工具定置图(局部)

通常,企业车间修理班需要的修理工具品种多,规格多,一个班每位工人均配备一套工具往往是不必要的,因此常见的方法是每个班配一套完整的工具,不同班次、不同工人轮换使用。这样的安排常常会因保管不当而使工具丢失,且交接班时清点工作烦琐,但如果不清点又无法明确工具使用保管的责任。另一方面,使用工具时也极不方便,通常需要费时费力地寻找合适的工具。某企业在开展定置管理活动时,修理班的师傅认识到本班的修理工具无规律地装放在两个大木箱中,取用时极不方便,没有进行定置管理,工作效率低,为此,他们采用了类似图 5.2 的定置图进行管理,把工具放在相应图示的位置,工具按种类整齐摆放,数目和种类一目了然,既方便了工作时的取用,又能在交接班时轻松地对工具进行清点,使工作效率得到提高。

5.1.2　目视管理

(1)目视管理的概念

目视管理是利用形象直观、色彩适宜的各种视觉感知信息来组织现场生产活动,达到提高劳动生产率目的的一种管理方式。它是能看得见的管理。目视管理是以视觉信号显示为基本手段,以公开化为基本原则,尽可能地将管理者的要求和意图让大家都看得见,借以推动自主管理、自我控制。因此,目视管理是一种以公开化和视觉显示为特征的管理方式。

目视管理与其他管理工作相比,其特点如下:它形象直观,容易识别,简单方便,传递信息快,提高了工作效率;信息公开化,谁都能见到,透明程度高,便于现场各方面的人员协调配合,互相监督,如有的企业每个工位上都有一个生产状况指示牌,液晶显示"正工作"、"正待料"、"正检修"等,哪个标志一亮,在车间里都能看得见,出现问题,有关人员能及时加以解决;能科学地改善生产条件和环境,有利于产生良好的生理和心理效应;使生产现场工作井然有序,过去那种大喊大叫的传递信息现象没有了,一切工作在一种平稳、协调的气氛下进行,职工心理稳定,工作阶段性明确。

(2)开展目视管理的方法

生产现场的目视管理以生产现场的人—机系统及其环境为对象,贯穿于这一系统的输入、工作、输出等环节。它的主要工作内容包括以下几个方面:

①它把整个生产的情况进行了公开化、图表化、标准化。它把与生产现场密切相关的规章制度和工作标准公开表示出来,让每个人都看得很清楚,便于执行,如现场的作业标准、操作规程、岗位责任、工艺卡片等。现场人员拿到有关标准、规程,无需询问,就知如何去做,如何处理问题。

②为配合企业开展"5S"活动、定置管理等提供了有效的手段,如标志线、标志牌等,让人一目了然。

③目视管理要形象直观地表明生产作业过程的控制手段,进行数量、质

量、成本控制。

④使生产现场各种物品的摆放地点明确,摆放整齐。

⑤统一规定现场人员的着装,实行每人胸前挂牌,不仅明确了每个人工作、管理性质、责任岗位,也使得人员整齐、精神,无形中给人以压力,催人进取。

⑥现场使用颜色要标准化,要有利于职工的身心健康。

色彩是一种重要的视觉信息,要科学地、巧妙地采用视觉信号。在进行色彩管理时,要充分考虑技术因素限制、心理生理因素限制以及社会因素限制。如工人在强光照射的设备上工作,设备应涂成蓝灰色,使其反射系数适度,有利于工作;危险信号用红色,给人以醒目的提示,加强注意。高温车间墙壁等颜色浅一些、淡一些,让人清爽适心,低温车间可涂深一些,增加温暖的气氛。有人统计色彩可以提高工效 7% ~10%,减少事故 50%。

目视管理要求做到统一标准,不要五花八门,无所适从;要做到简单,易看明白,便于记住;要醒目、清晰,位置适当,大家都能看得见、看清楚;更实用,不搞花架子,不流于形式;要严格遵守、严格执行,否则,要批评教育直到处罚,以利实行。

目视管理的手段有标志线、标志牌、显示装置、信号灯、指示书、色彩标志等多种形式。

[案例启示]

案例 5.2　色彩的作用

1. 卷烟的抽检

现代的卷烟生产都是采用自动化高速卷烟机完成的,但卷烟质量会因天气、温度、湿度、设备的润滑及运转时间等因素而波动。因此,卷烟生产仍需定期对卷烟的松紧度、烟味等指标用人工抽吸的办法来检验。某卷烟厂原对抽检过的香烟用三只同样的纸箱进行回收:松紧度适宜,烟味适中的卷烟为正品,装入一箱内;松紧度不适宜,但烟味适中的可作为次品回收利用,因此放入另一箱;剩下松紧度不适宜,烟味也不适中的卷烟作为废品处理。但由于装不同等级的卷烟的三只纸箱大小、色彩完全是一样的,因此造成现场抽检人员因繁忙或交接班原因把不同等级的卷烟放在了不相匹配的箱子中。后来该厂采用了目视管理中常用的色彩区分办法,设置绿、黄、红 3 个不同颜色的塑料箱,将合格的卷烟放入绿箱,次品放入黄箱,废品则放入红箱,这样就有效地解决了现场的管理问题。

2. 产品库的色彩管理

某企业生产的冶金产品经检验后因其含量不同,可能产生次品。在产品库堆放时,合格品和次品被分别放置在同一仓库的不同区域,且在产品堆放处放置了可移动的产品标牌。按说这样是可以明确地区分合格品和次品的,但事实并非如此。该企业曾有过将次品当做正品发货的事故,这次事故使企业蒙受了经济损失。究其原因,就是因为装卸工在搬运产品时把标牌搞混了。后来该企业用绿色作为合格产品的标牌,并以绿底白字来突出标牌。同时用黄底代表次品,与合格产品进行区分,在堆放地画上同样颜色。改革以后,此类事故再没有发生。

案例 5.3　手势的作用

某企业开展目视管理活动,号召员工结合岗位实际改进工作方法,提高工作效率。一车间行车班在抓提物料过程中,由于操作人员视线所限和动作不熟练,导致抓斗时常碰撞料筐边,致使料筐损坏,同时导致工作效率不高。在管理活动中,师傅们讨论认为,指挥人员原来所用的语音提示行车操作工行进的方法效果不好,因为有时车间噪音大,操作工无法听清语音提示。大家结合实际研究了改进方法,决定用手势来提示:以右手握拳伸出大拇指指向左右前后上下表示抓斗应行进的方向;手指动作频率则表示需要移动的距离。试行一段时间后,工作有了明显的改进。车间工作人员把这一方法进行总结,形成了管理的规定——行车岗位的操作目视规程。

5.1.3　"5S"活动

(1)"5S"活动的概念

5S 活动是指对生产现场各生产要素(主要是物的要素)所处状态,不断地进行整理、整顿、清扫、清洁,以达到提高素养的活动。由于整理、整顿、清扫、清洁、素养这 5 个词在日语中罗马拼音的第一个字母都是"S",因此,把这一系列活动简称为"5S"活动。

"5S"活动是在西方发展和流行的企业现场管理的方法。日本的企业在较长时间内推行了"5S"活动。我国"5S"活动和企业的文明生产活动结合起来又有了新的发展。"5S"活动对于提高生产现场的管理水平有重要作用,特别是对于一些零配件较多的加工组装工厂、生产环境要求严格的工厂以及产品价值较高的工厂等更具有重要作用。开展"5S"活动,可以明显提升工厂的综合素质,树立企业形象。

（2）"5S"活动的内容和要素

整理，是指在规定的时间、地点，把作业现场不需要的物品清除出去，并根据实际，对保留下来的有用物品按一定顺序摆放好。

经过整理应达到以下要求：不用的东西不放在作业现场，坚决清除干净；不常用的东西放远处（厂的库房）；偶尔使用的东西集中放在车间的指定地点；经常用的东西放在作业区。

整顿，是指对整理后需要的物品进行科学、合理的布置和安全、不损伤的摆放，做到随时可以取用。整顿要规范化、条理化，提高效率，使整顿后的现场整齐、紧凑、协调。

整顿应达到的要求：物品要定位摆放，做到物各有位；物品要定量摆放，做到目视化，过目知数；物品要便于取存；工具归类，分规格摆放，一目了然。

清扫，是把工作场所打扫干净，对作业现场要经常清除垃圾，做到没有杂物、污垢等。

清扫应达到的要求：对自己用的东西，自己清扫；对设备清扫的同时，检查是否有异常，清扫也是点检；对设备清扫的同时，要进行润滑，清扫也是保养；在清扫中会发现一些问题，如跑、冒、滴、漏等，要透过现象查出原因，加以解决，清扫也是改善。

清洁，是要保持没有垃圾和污垢的环境。

清洁应达到的要求：车间环境整齐、干净、美观，保证职工健康，增进职工劳动热情；不仅设备、工具、物品要清洁，工作环境也要清洁，烟尘、粉尘、噪音、有害气体要清除；不仅环境美，工作人员着装、仪表也要清洁、整齐；工作人员不仅外表美，而且要精神上"清洁"，团结向上，有朝气，相互尊重，有一种催人奋进的气氛。清洁贵在保持和坚持。

素养，是指教养。努力提高人员的素养，养成良好的风气和习惯，具有高尚的道德品质，自觉执行规章制度、标准，改善人际关系，加强集体意识是"5S"活动的核心。

素养应达到的要求：不要别人督促，不要领导检查，不用专门去思考，形成条件反射，自觉地去做好各项工作。

（3）开展"5S"活动的要求

开展"5S"活动的目的是做到人、物、环境的最佳组合，使全体人员养成坚决遵守规定事项的习惯。

开展"5S"活动要坚持自我管理，勤俭办厂，持之以恒的原则。

开展"5S"活动，重在对员工的宣传教育，让员工思想上认清活动的意义,自觉参与,贵在持之以恒,让员工形成良好的行为习惯。为此可在每个岗位设置"5S"活动卡片,每班填写相关内容,有关负责人例行检查,在此基础上采取必要的奖惩措施。

链接　某大型企业"5S"活动推进规程

整理活动推进规程

第一条　现场检查。对工作现场进行全面检查,包括看得见和看不见的地方,特别是不引人注意的地方。如桌子底部、设备的内部、文件柜的顶部等位置。

第二条　区分必需品和非必需品。管理必需品和清除非必需品同样重要。首先要判断出物品的重要性,然后根据其使用频率决定管理方法。如清除非必需品,则应用恰当的方法保管必需品,便于寻找和使用。

1. 必需物品。必需物品是指经常使用的物品,没有它就必须购入替代品,否则影响正常工作的物品。即使是必需品,也不可保存太多。

2. 非必需品。它可分为两种:一种是使用周期较长的物品,另一种是对目前的生产或工作无任何作用的,需要报废的物品。

第三条　整理非必需品。

1. 在进行整理前,首先考虑为什么要整理以及如何整理,规定定期进行整理的日期和规则;在整理前要预先明确现场须放置的物品;区分要保留的物品和不需要的物品,并向员工说明保留物品的理由;划定保留物品安置的地方。

2. 暂时不需要的物品进行整理时,当不能确定今后是否还会有用,可根据实际情况来决定一个保留期限,先暂时保留一段时间,等过了保留期限后,再将其清理出现场,进行认真的研究,判断这些物品是否有保留的价值,并弄清保留的理由和目的。

第四条　处理非必需品。

1. 如果该物品没有使用价值,但可能涉及专利或企业商业机密的应按企业具体规定进行处理;如果该物品只是一般废弃物,在经过分类后可将其出售。

2. 如果该物品没有使用价值,可根据企业的具体情况进行折价出售,作为培训、教育员工的工具。

第五条　标示现场。

1. 为使整理后的现场直观醒目,要准备好现场示意图,清楚地标明各项物品的放置地点,标明物品的适当库存量、存放位置和取放顺序,要使每个人都准确无误地取放物品。

2.可以使用贴有标签的指示板,用彩色塑料笔标记。指示板可固定安装在货架上或从天花板上悬吊下来并可移动。

第六条　每天循环整理。整理是一个永无止境的过程。现场每天都在变化,昨天的必需品在今天可能是多余的,今天的需求与明天的需求必有所不同。如果偶尔突击一下,做做样子的话,就失去了整理的意义。

整顿活动推进规程

第七条　分析现状。在现场作业时可能会出现取放物品的时间很长的现象,其可能的原因包括:

1.不知道物品存放在哪里;

2.不知道要取的物品名称;

3.存放地点太远;

4.存放地点太分散,须往返多次;

5.物品太多,难以找到;

6.不知道是否已用完或别人正在使用。

第八条　物品分类。根据物品各自的特征,把具有相同特点/性质的物品划为一个类别,并制订标准和规范,为物品正确命名、标志。其步骤如下:

1.制订标准和规范;

2.确定物品的名称;

3.标志物品的名称。

第九条　实施定置管理。定置管理的实施步骤如下:

1.对现场进行调查,明确管理内容,以推行定置管理的主管人员为主,组织车间现场有关人员共同组成调查小组,对现场进行调查,包括:工艺设计、材料、设备运转、运输路线等内容。

2.对现场的人、物、场所的结合状况进行分析,生产现场中众多的对象物不可能都与人处于直接结合状态,而绝大多数的物与人处于间接结合状态。为实现人与物的有效结合,必须借助于信息媒介的指引、控制与确认。因此,信息媒介的准确可靠程度直接影响人、物、场所的有效结合。这些信息媒介包括平面布置图、场所标志和物品名称等。

3.设计定置管理系统。定置管理系统的内容涉及场所和物的结合状态。在工厂的生产活动中,人与物的结合状态是生产有效程度的决定因素,人与物的结合都是在一定的场所里进行的。因此,实现人与物的有效结合,必须处理好场所与物的关系,也就是说场所与物的有效结合是人与物有效结合的前提。

第十条　实施整顿。

1.定置工作场所。首先要制订标准比例的定置图,清楚地标示生产场地、通道、物品存放区,明确各区域的管理责任人,零件、半成品、设备、消防设施、易燃易爆的危险品等均用鲜明直观的色彩或信息牌显示出来。凡与定置要求不符的现场物品,一律清除。

2.定置生产现场各工序、工位、机台。首先必须要制作各工序、工位、机台的定置图,安置相应的图纸文件架、柜等资料文件的定置硬件、工具、仪表、机器设备、材料、半成品及各种用具在工序、工位、机台上停放应有明确的定置要求。附件箱、零件货架的编号必须同零件账、卡、目录相一致。

3.定置仓库。首先要设计库房定置总图,按指定地点定置。对于那些易燃、易爆、易污染、有储存期要求的物品,要按要求实行特别定置。有储存期限要求的物品的定置,在库存报表上要有对时间期限的特定信号或标志,库存账本应有序号和物品目录,注意账物相符。

4.定置检查现场。首先要检查现场的定置图,并对检查现场划分不同的区域,以不同颜色加以标志区分。区别对待检查区、良品区、废品区、返修品区、待处理品区。

清扫活动推进规程

第十一条　清扫准备。

1.安全教育。对员工做好清扫的安全教育,对可能发生的事故(触电、挂伤、碰伤、洗涤剂腐蚀、坠落砸伤、灼伤)等不安全因素进行预防和警示。

2.设备常识教育。对设备的老化、出现的故障,可以减少人为劣化因素的方法,减少损失的方法等进行教育。通过学习设备基本构造,了解其工作原理,能够对出现尘垢、漏油、漏气、震动、异音等状况的原因进行分析。

3.技术准备指导及制订相关指导书,明确清扫工具、清扫位置、加油润滑基本要求、螺钉卸除和紧固的方法及具体步骤。

第十二条　清扫地面、墙壁和窗户。在作业环境的清扫中,地面、墙壁和窗户的清扫是必不可少的,在清扫时,要探讨作业场地的最佳清扫方法。了解过去清扫时出现的问题,明确清扫后要达到的目的。

第十三条　清扫设备。在进行设备清扫时要注意以下内容:

1.不仅设备本身,其附属、辅助设备也要清扫;

2.容易发生跑、冒、滴、漏的部位要重点检查确认;

3.油管、气管、空气压缩机等看不到的内部结构要特别留心注意;

4.核查注油口周围有无污垢和锈迹;

5.表面操作部分有无磨损、污垢和异物;

6.操作部分、旋转部分和螺丝连接部分有无松动和磨损。

第十四条　实施改进。清扫设备时会发现不少问题,对发现的问题要及时处理,可以进行以下改进:

1. 维修或更换难以读数的仪表装置；

2. 添置必要的个人安全防护装置；

3. 要及时更换绝缘层已老化或损坏的导线；

4. 对需要防锈保护或需要润滑的部位，要按照规定及时加油保养；

5. 清理堵塞管道；

6. 调查跑、滴、冒、漏的原因，并及时加以处理。

第十五条 查明污垢的发生源。即使每天进行清扫，油渍、灰尘和碎屑还是无法杜绝，要彻底解决问题，还须查明污垢的发生源，从根本上解决问题。

第十六条 明确责任，制订基准。对于清扫，应该进行区域划分，实行区域责任制，责任到人。制订相关清扫基准，明确清扫对象、方法、重点、周期、使用工具等项目。

第十七条 检查清扫结果。在清扫结束之后要进行清扫结果的检查，检查项目有以下几个方面：

1. 是否清除了污染源；

2. 是否对地面、窗户等地方进行了彻底的清扫和破损修补；

3. 是否对机器设备进行了从里到外的、全面的清洗和打扫。

清洁活动推进规程

第十八条 确定清洁的标准。所谓清洁的标准包含3个要素：干净、高效、安全。

第十九条 进行员工教育。企业上下必须统一思想才能朝着共同的目标奋斗。所以，企业必须将"5S"的基本思想向组员和全体员工进行必要的教育和宣传。如果每个人对清洁的理解不同，可能无法贯彻实施清洁计划，从而使清洁活动中止。

第二十条 进行整理。经过必要的教育，实施人员应来到现场，将目前所有的物品整理一遍，并调查它们的使用周期，将这些物品记录起来。征求现场作业人员的意见，区分必需品和非必需品。接下来，就应该将非必需品迅速从岗位上撤走。

第二十一条 进行整顿。撤走了非必需品，并不是完成任务了。实施人员必须根据实际条件、作业者的作业习惯、作业的要求，合理地规定摆放必需品的位置，使作业者取拿方便，便于运送。规定了摆放场所，实施人员还要确认一下各种物品的摆放高度、宽度以及数量，然后为这些高度、宽度、数量等具体要求制作醒目的标志，方便现场作业人员识别，并将这些规定形成文件，便于日后改善、整体推进和总结，有利于管理。

第二十二条 清扫并明确责任人。在整顿结束后，要将作业现场进行清扫,划分出各个责任区,并确定责任人,以便于管理。

第二十三条 定期检查清洁效果。清洁的目的就是维持洁净的状态,而为了保持清洁,就要不断地进行整理、整顿和清扫,这是最基本的"5S"活动,搞好"5S"是从整理、整顿和清扫的"3S"开始的。企业应定期检查清洁的效果,使作业现场一直处于清洁有序的良好状态。

素养活动推进规程

第二十四条 明确素养的目的。企业通过实施素养活动,营造了一个积极向上、富有合作精神的团队,其目的是:全体员工高标准、严要求地维护现场环境整洁和美观,自愿实施整理、整顿、清扫、清洁活动,培养遵守规章制度和具有良好习惯的人才。

第二十五条 制订相关的规章制度。规章制度是员工的行为准则,是让员工达成共识,形成企业文化的基础。制订相应的《语言礼仪》、《行为礼仪》及《员工守则》等,保证员工达到修养最低限度,并力求提高。

第二十六条 实施员工培训。公司应向每一位员工灌输遵守规章制度、工作纪律的意识,此外还要创造一个具有良好风气的工作场所。绝大多数员工对以上要求付诸行动的话,个别员工和新员工就会抛弃坏的习惯,转而向好的方面发展。此过程有助于员工养成遵守规章制度的习惯,改变员工只理会自己、不理会集体和他人的潜意识,培养对公司部门及同事的热情和责任感。

第二十七条 检查素养效果。开展素养活动之后,要对素养活动的各个方面进行检查,查看效果如何。素养活动的检查内容包括:

1. 日常活动

①作业里是否已经成立了"5S"小组;

②全公司是否经常开展有关"5S"活动方面的交流和培训;

③企业领导是否对"5S"很重视,并率先推广;

④全体员工是否都非常明确实施"5S"对企业和个人的好处,对实施"5S"活动充满热情。

2. 员工行为规范

①是否做到举止文明;

②能否遵守公共场所的规定;

③是否做到工作齐心协力,团队协作;

④是否遵守工作时间,不迟到早退;

⑤大家能否友好地沟通相处。

3. 服装仪表

①是否穿规定的工作服上岗,服装是否干净、整洁;

②厂牌等是否按规定佩戴整齐;

③鞋子是否干净;

④是否勤修指甲;

⑤是否勤梳理头发,面部是否清洁并充满朝气。

5.2　质量管理的统计分析方法

所谓质量管理的统计分析方法是指根据统计学原理,通过质量数据的记录、整理和分析,探索产品质量发展变化的规律性,以便据以采取对策,从而达到保证和提高产品质量目的的方法的总称。可用于质量管理的数理统计方法有很多,其中较常用的有:分层法、调查表法、排列图法、因果分析图法、直方图法、控制图法和散布图法七种。这些方法在生产管理中都可以得到很好的应用,但不同企业不同岗位的针对性、适应性有所不同,可以根据实际选用。本教材重点介绍常用的排列图法、因果分析图法和直方图法。

5.2.1　排列图法

排列图法是指通过对收集到的质量数据进行一定的整理和计算,然后建立排列图,进而找出产品质量主要问题或主要影响因素的方法。这种方法也称巴雷特图法,它是由意大利经济学家巴雷特(Viltredo Pareto)于 1897 年首先提出来并加以运用的。后来(1951 年)由美国质量管理专家朱兰(J. M. Juran)将它引入质量管理。

排列图由一个横坐标、两个纵坐标、若干个直方形以及一条折线所组成,其一般形式如图 5.3 所示。排列图的横坐标表示产品质量问题项目或产品质量影响因素项目,按各项目的频数或频率的大小从大至小、从左至右依次排列,每个项目在横坐标上的宽度相等。排列图左边的纵坐标表示频数(如件数、金额、工时、重量等),右边的纵坐标表示频率(以百分数表示)。每个直方形对应一定的项目,其宽度为该项目在横坐标上的宽度,其高度一般根据该项目的频数来确定。折线为各项目在排列图上累计频率点的连线,也称巴雷特曲线。

一般把所有的项目分成 A,B,C3 类:A 类项目,也就是主要项目;一般指累计频率在 80% 以下的诸项目,通常仅有少数几项;B 类项目,也称次要项目,一般指累计频率在 80% ~90% 之间的诸项目;C 类项目,也称一般项目,通常是指累计频率在 90% ~100% 之间的诸项目。其中 A 类项目是企业应

实用生产管理

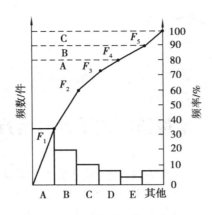

图5.3　排列图的形成

该重点加以控制的项目。企业选择 A 类项目进行重点控制,可以收到事半功倍的效果。

表5.1　某加工件质量问题统计表

项　　目	数量	比率/%	累计百分比/%
轴颈刀痕	153 件	71.8	71.8
开挡大	29 件	13.6	85.4
轴颈小	25 件	11.8	97.2
弯　　曲	6 件	2.8	100
总　　计	213 件	100	

根据表5.1这个资料,就可以画出排列图,如图5.4所示。从图中可以明显看出,"轴颈刀痕"是产品质量的主要问题。如果这一质量问题解决了,就意味着减少了约71.8%的质量问题的发生。

使用排列图法,应注意如下事项:

①频数常用"件数"表示,亦可用"金额"、"时间"、"重量"等来表示,根据具体情况而定。

②不太重要的项目很多时,为了简化问题,可把最次要的若干个项目合并为一个"其他"项目,并放在横坐标的最右端。

③所确定的主要项目个数不宜太多,一般以 1 ~ 2 个为宜,最多不超过 3个。否则就失去了找主要项目的意义,要考虑重新进行项目分类。

④确定了主要项目并采取了相应的控制措施之后,还要重新画排列图,以检查措施的效果。

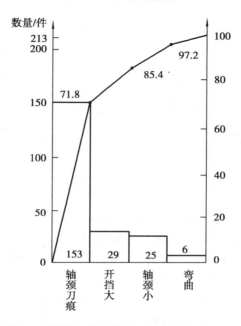

图 5.4　曲轴主轴颈车加工不合格品排列图

⑤每过一段时间,应重新画排列图和进行前后对比,以发现新问题,加以控制。

5.2.2　因果分析图法

因果分析图法是指利用因果分析图表示产品质量问题及其各方面、各层次影响因素之间的相互关系,寻找其产品质量出现问题的具体原因的方法。这种方法也称为特性因素图法、鱼刺图法或石川图法,是由日本东京大学石川馨教授首先提出来的。因果分析图的一般形式如图 5.5 所示。

为了找到引起产品质量出现问题的具体原因,可以采用逐步深入的方法,即从产品质量问题(结果)出发,首先找到引起产品质量出现问题的大原因,再找中原因,再进一步根据中原因找小原因,依此类推,逐步深入,最后便可以找到引起产品质量出现问题的具体原因,以便采取措施。

在生产过程中,影响产品质量的大原因通常是指人员、机器设备、原材料、工艺方法和环境这五大因素,即所谓的 4M1E,简称人、机、料、法、环 5 个要素。这些大原因是由中原因构成的,中原因又是由小原因构成的,小原因又是由更小的原因构成的。只有找到了影响产品质量的最终具体原因,才便

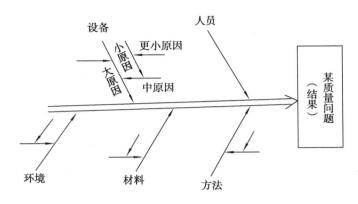

图5.5 因果分析图的形式

于采取具体措施及时有效地解决产品质量问题。

例如,某厂在找曲轴主颈时常出现轴颈刀痕的具体原因时,采用了因果分析法。其因果分析图如图5.6所示。

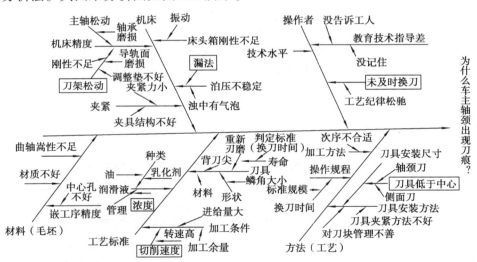

图5.6 车主轴颈出现刀痕因果分析图

运用因果分析图法,应注意如下事项:

①课题的提出要明确,有针对性,做到定量化。

②一般以召开质量分析会的形式,共同分析,整理出因果分析图。

③会议主持者要向与会者详细介绍课题背景,充分发挥民主、集思广益,鼓励大家积极思考,把不同意见都记录并认真予以对待。

④原因分析应当细到便于采取有效措施为止。

⑤主要原因可用找排列图法、投票法或其他方法加以确定,然后用方框框起来,以引起注意和重视。

⑥确定出主要原因之后,还应到现场去核实,并制订出控制措施。

⑦措施实现之后,还应采用排列图等方法检查其效果。

小提示　绘制因果分析图常见错误

1. 对引起质量问题的原因分析不全面,未写出所有原因;
2. 因果分析图漏项,如忘记写质量问题(结果);
3. 原因之间箭线夹角不当,无箭头。

5.2.3　直方图法

直方图是指利用直方图来反映产品质量特性值的分布状况,并据此判断生产过程质量的好坏,预测生产过程不合格品率的方法。直方图的一般形式如图 5.7 所示。

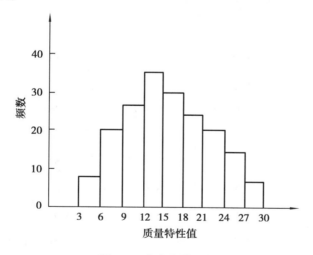

图 5.7　直方图的形式

(1)直方图的建立

直方图是表示产品质量特性值分布状况的图形。要建立直方图,必须首先收集较大量的产品质量特性值数据。

例如,某工序加工尺寸要求为 $\phi(3.5 \pm 0.1)$ mm 的螺栓外径。现已从该产品中随机取出了 100 件。经过对取出的 100 件产品的外径进行测量,取得

100 个质量数据,如表 5.2 所示。

表 5.2 螺栓外径数据表 单位:mm

3.68	3.46	3.43	3.54	3.54
3.47	3.45	3.48	3.51	3.53
3.52	3.51	3.50	3.52	3.51
3.63	3.64	3.49	3.45	3.58
3.56	3.57	3.53	3.46	3.61
3.50	3.45	3.49	3.60	3.48
3.54	3.55	3.53	3.54	3.48
3.65	3.49	3.58	3.57	3.47
3.51	3.57	3.54	3.50	3.54
3.53	3.58	3.47	3.51	3.54
3.52	3.54	3.60	3.59	3.50
3.58	3.46	3.50	3.49	3.47
3.51	3.46	3.46	3.53	3.52
3.49	3.62	3.53	3.46	3.54
3.50	3.56	3.60	3.48	3.58
3.50	3.53	3.49	3.52	3.53
3.53	3.49	3.51	3.54	3.51
3.54	3.53	3.54	3.53	3.60
3.61	3.52	3.57	3.51	3.39
3.44	3.49	3.46	3.59	3.58

根据上述数据画出的直方图如图 5.8 所示。

从图 5.8 可以看出,这批零件尺寸分布的情况为:1 个在 3.385 ~ 3.415 之间,2 个在 3.415 ~ 3.445 之间,13 个在 3.445 ~ 3.475 之间等。也可以看出大量的零件尺寸集中在 3.526 9 附近。

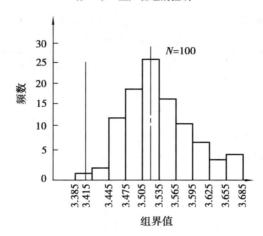

图 5.8　螺栓外径尺寸直方图

建立直方图的具体步骤如下：

①收集数据。数据个数用 N 表示。一般取 $N = 100$ 个左右。本例：$N = 100$ 个。

②找出数据中的最大值(L)和最小值(S)。本例：$L = 3.68$　$S = 3.39$。

③求极差 R。$R = L - S$,本例：$R = 3.68 - 3.39 = 0.29$。

④初步确定数据分组的组数 K。组数的确定应该合理。一般可按经验公式 $K = \sqrt{N}$ 确定。本例：$K = \sqrt{100} = 10$,取 10 组。

⑤确定组距 h。组距的计算公式为 $h = R/K$,通常取为最小测量单位的整数倍。本例：最小测量单位为 0.01 mm,
$$h = 0.29/10 \approx 0.03。$$

⑥确定组界值。为了确定各组的组界值,应首先确定第一组的下界值。第一组的下界值一般采用数据中的最小值减去最小测量单位的 1/2 的办法确定。本例：第一组的下界值 = 3.39 - 0.01/2 = 3.385。

第一组的下界值确定之后,该值加上组距值即为第一组的上界值,同时又为第二组的下界值;第二组的下界值,加上组距值,即为第二级的上界值,同时双为第三组的下界值,依此类推,直到求出最后一组的上、下组界为止。数据中的最大值处于最后一组的范围之内。

本例中：

第一组的上、下界限值分别为 3.415 和 3.385;

第二组的上、下界限值分别为 3.445 和 3.415;

……

第十组的上、下界限值分别为 3.685 和 3.655。

⑦统计数据落在各组的频数。本例:统计结果如表 5.3 所示。

表 5.3 频数分布表

组号	组 界 值	组中值 x_i	频数核对	频数 f_i
1	3.385~3.415	3.40	丨	1
2	3.415~3.445	3.43	丨丨	2
3	3.445~3.475	3.46	正正丨丨丨	13
4	3.475~3.505	3.49	正正正丨丨丨	19
5	3.505~3.535	3.52	正正正正正丨	26
6	3.535~3.565	3.55	正正正丨丨	16
7	3.565~3.595	3.58	正正丨丨	12
8	3.595~3.625	3.61	正丨丨	7
9	3.625~3.655	3.64	丨丨	3
10	3.655~3.685	3.67	丨	1
				100

⑧画直方图。即以频数为纵坐标,质量特性值为横坐标,在建立好直角坐标系的基础上,以各组的取值范围为底边,以各组的频数为高,画出一系列的直方形。

(2)直方图的观察分析

直方图的观察分析主要包括以下两方面的内容:

1)直方图的形状

直方图的形状反映了产品质量特性值的分布情况,同时也反映了生产工序的质量状况。通过对直方图形状的观察分析,可以推断工序是否处于稳定状态,大体估计工序在受到何种因素的影响,从而为质量管理工作提供依据和指出方向。

直方图的形状大体上可分为 6 种类型,如图 5.9 所示。

①正常型,如图 5.9(a)。中间高,两边逐渐降低,左右基本对称,符合正态分布规律。它表明工序处于稳定状态,不存在异常因素的影响。

②锯齿型,如图 5.9(b)。它可能是由于检测精度不够,抽样数据偏少,或者分组太多等原因引起。

③孤岛型,如图 5.9(c)。它可能是由于生产过程中不稳定因素,例如原

材料发生变化、操作不认真或者混入了不同规格的产品等引起。

④偏向型,如图 5.9(d)。偏向型有左偏和右偏之分。偏向型往往是由操作者方面的原因引起。例如,由于操作者担心产生废品,在加工孔时常有"宁小勿大"的心理而使直方图呈左偏型;在加工轴时常有"宁大勿小"的心理而使直方图呈右偏型。另外,如果从样本中剔除了不合格品,仅根据合格品的数据作直方图,也会呈偏向型。

⑤双峰型,如图 5.9(e)。它往往是由于把不同原材料、不同操作者或者不同设备生产的产品混在一起引起的。

⑥平顶型,如图 5.9(f)。它往往是由于生产过程中某些因素发生缓慢的倾向性变化引起的,例如刀具磨损等。

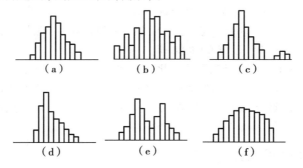

图 5.9　直方图的形状类型

在直方图的各种形状类型中,除正常型之外,其他类型可统称为非正常型或异常型,应查明原因,采取措施,加以改善。

2)将直方图与质量标准进行比较

首先应该指出的是,与质量标准进行比较的直方图应呈正常型。因为只有将正常型直方图与质量标准比较才有意义。

通过将正常型直方图与质量标准进行比较,可以了解到工序生产合格产品能力的大小以及生产的经济性等方面的情况。为了便于进行比较分析,一般应在直方图上做出质量标准的界限,然后进行比较。比较时,一方面要观察直方图的中心与质量标准的中心是否重合,偏离情况如何;另一方面还要观察直方图是否在质量标准范围之内。

5.3 网络计划技术

5.3.1 网络计划技术概述

网络计划技术是一种用于生产组织和管理的科学方法。它通过网络图的形式以及相应的计算,反映和表达计划的安排,指出对全局有影响的关键工序和关键线路,以此组织、协调和控制生产(工作)的进度和费用,使其达到预期目标的一种现代化的科学管理方法。

它的运用很广,特别是一次性的项目,如新产品的研制、油田的开发、管道施工、大型工程建设、设备的维修等。

网络计划技术之所以能得到如此广泛的应用,在于它能带来良好的经济效果,据有关资料表明,一般能缩短生产周期20%左右,节约费用10%左右。更重要的是,这种经济效果的取得,完全是由于加强管理、合理计划、协调控制的结果。

(1)网络计划技术的特点

①可以把整个生产过程的各个环节有机地组织起来,指明其中关键所在,从而使各级领导既能统筹安排,又能抓住关键,合理调配资源,实行重点管理。

②网络图可反映整个生产过程各项活动(工序)之间的相互关系。有利于广大职工从全局着眼,相互协作,紧密配合,开展社会主义劳动竞赛,保证生产任务的完成。

③对于一项规模较大的计划项目,可分解为许多分支系统,分别进行控制,由局部最优达到整体最优。

④网络计划技术既是一种计划方法,又是一种组织和控制生产的工具,对于在生产中较难控制的因素,如原材料、动力、外购件、外协件的供应,可以在绘制网络图时,预告增加催取和等待时间,并在执行过程中,根据网络图标明的日期,及早采取措施。

⑤网络计划提供的网络模型,为采用电子计算机,实现自动化管理,创造了有利的条件。

（2）网络计划技术的工作步骤

应用网络计划技术，总体来说，可以分两步进行：

1）以系统的观点和网络图的形式对工程进行规划

①要把工程分解为若干项目，也就是要把整个工程任务层层分解，分成若干具体的工作。这些具体工程称为工序（或活动、作业）。活动所包括的内容可多可少，范围可大可小，但要根据分工清、职责明的原则来划分。

②用网络图的形式，把各项活动（工序）按照它们之间的相互依存的逻辑关系，按一定规划，编成网络计划。有了网络计划，就能反映出各项活动的衔接关系和工作进度，能够显示出总工期、关键工序和路线以及完成时间或非关键工序的宽裕时间等，便于执行、调整和控制计划，保证系统目标的实现。

2）对缩短工期及各种资源的利用进行优化

在编制网络计划的过程中，可以利用特定的技巧对各种资源（人力、物料、资金等）进行统筹规划，综合平衡，合理安排和有效利用，达到以最短的时间、最少的资源消耗来完成整个系统的预期目标。也就是用网络计划技术可实现工程计划的优化。

5.3.2　网络图的绘制

（1）网络图

网络图是网络计划技术的基础。

一项工程、一项规划、一项生产任务或一项工作等总是由许多工序（活动）组成的。如果工序用箭线——→来表示，那么把代表各工序的各条箭线按工序间的相互关系、先后顺序和流程方向，从左至右进行逻辑排列，并画成图，就成为网络图。

如图 5.10 所示，是一项由 11 道工序所组成的工程的网络图。它由带有编号的圆圈和若干条箭线，按照一定的要求连接而成，箭线上面注明了工序内容（或代号），下面为该工序所需的时间（小时、天、周、月）。从这张图上，就能清楚地看出各工序间的关系。

（2）网络图的组成要素

网络图是由工序、事项、线路 3 部分所组成的。

1）工序（活动）

工序是指一项具有活动内容的，需要有人力、物力或财力，经过一定时间

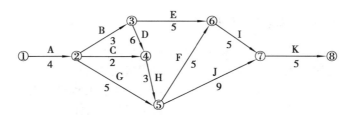

图 5.10 网络图(某工程)

后才能完成的具体活动过程。例如,设备的拆卸、清洗、检查,零件的修复,损坏零件的加工,部件的装配、总装、调试等都是工序。有些过程虽然不消耗人力、物力,但也需要一定时间才能完成,如铸件的时效、水泥的养生等技术性工休等,也应看作是工序。

此外,尚有一种虚设的工序,既不需要人力、物力,又不需要时间,但通过这种虚设的工序与另一工序的逻辑关系,称之为虚工序。虚工序用虚箭线------►来表示。

2)事项(事件)

事项是前后两个工序的瞬时分界点,在网络图中用圆圈(○)表示,它是两条或两条以上箭线的交结点,又叫做事件或结点(节点)。它表示工序的开工或完工。

为了区别不同事项,需对此进行编号。编号数一定都是正整数,标在圆圈里面。若箭尾事项用 i 表示,箭头事项用 j 表示(对某一工序来说),则有 $i < j$。

3)路线

在网络图中,从起点开始,顺着箭头所指的方向,连续不断地到达终点为止的一条通路,称为路线。

路线有路长,它的长度就是这条路上各工序的时间之和。在网络图中,路线往往有很多条,对应于不同的路线,有不同的路长。其中路长最长的路线称关键路线,在关键路线上的所有工序又称关键工序。

①→4→②→3→③→5→⑥→5→⑦→5→⑧　　　　路长 22

①→4→②→3→③→6→④→3→⑤→5→⑥→5→⑦→5→⑧　　路长 31

①→4→②→3→③→6→④→3→⑤→9→⑦→5→⑧　　路长 30

①→4→②→2→④→3→⑤→5→⑥→5→⑦→5→⑧　　路长 24

①→4→②→2→④→3→⑤→9→⑦→5→⑧　　路长 23

①→4→②→5→⑤→5→⑥→5→⑦→5→⑧　　路长 24

①→4→②→5→⑤→9→⑦→5→⑧　　路长 23

经过对所有路线的路长比较后,可以找到所需工时最长的路线,也就是关键路线。一般用双箭线(或粗箭线)把关键路线标出。从时间因素这一角度来说,它是完成整个工程的关键。

在图 5.10 中关键路线是:

①$\xrightarrow{A}$②$\xrightarrow{B}$③$\xrightarrow{D}$④$\xrightarrow{H}$⑤$\xrightarrow{F}$⑥$\xrightarrow{I}$⑦$\xrightarrow{K}$⑧

关键工序是:

①$\xrightarrow{A}$②,②$\xrightarrow{B}$③,③$\xrightarrow{D}$④,④$\xrightarrow{H}$⑤,⑤$\xrightarrow{F}$⑥,⑥$\xrightarrow{I}$⑦,⑦$\xrightarrow{K}$⑧

(3)绘制网络图的有关规定

1)两个节点之间只能有一项活动

两个节点之间只能有一项活动,如图 5.11 所示。

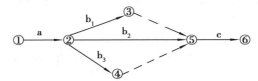

图 5.11　正确的画法

如果为了加快进度,需采取平行作业的形式,即把一个作业分成两个以上作业平行(同时)进行(如图 5.11 作业 b_1,b_2,b_3 就是平行作业),则需引入虚箭线。

图 5.12 的错误在于两个节点之间有三项活动,使用同一代号②——③,无法区分不同的活动。

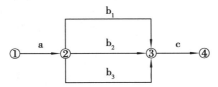

图 5.12　错误的画法

2)不能出现闭合回路

在网络图中不能出现闭合回路,因为一个工程项目的每一项活动完成后都必须进入下一项活动,这样工程才能进展,否则出现闭合回路,则预示着该项目完成后又回到起点,工程没有进展。

3)网络图中起点事项或终点事项均只有一个

在网络图中,除了起点事项外,不能出现没有紧前工序的中间事项;且除了终点事项外,不能出现没有紧后工序的中间事项。如果在实际作图中,有中间事项出现,则必须使中间事项与起点或终点事项用虚箭线连接,如图 5.13 所示。

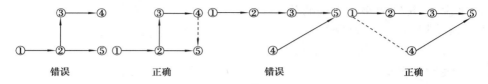

图 5.13 网络图

4)网络图的结构必须符合工程的工艺流程或任务的工作逻辑关系

(4)绘制网络图的步骤

①把工程项目分解成若干可以独立完成的活动(作业),搞清各项活动之间的关系。

②确定各项活动的需要时间期。

③列出工程任务活动关系分析表(又称工序清单),如表 5.4 所示。

表 5.4 工序清单

代号	工序名称或内容	紧后工序	工时/天
A	拆卸	B,C	2
B	清洗	D	3
C	电器检修和安装	J	3
D	检查	E,F	4
E	零件修理	G	5
F	零件加工	I	1
G	床身和工作台研合	H	5
H	部件组装	J	5
I	变速箱组装	J	2
J	装配和试车	—	6

④根据工程任务活动关系分析表(工序清单),绘制初步网络图,如图 5.14 所示。

⑤网络图的优化。如由工程项目的各负责人审议项目之间的关系,工期

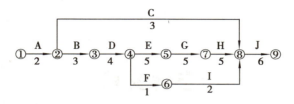

图 5.14　网络图

是否得当,进一步进行优化(也可用相关计算方法进行优化,相关知识见其他相关书籍),最后得出用于控制的网络图。

[**本章小结**]

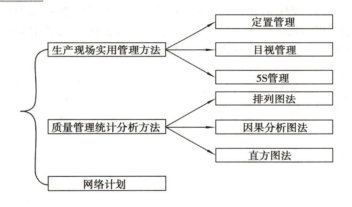

[**复习思考题**]

1. 结合自己的工作实际,谈谈管理在生产管理或生活中的控制作用。

2. 什么叫目视管理? 举出生活和生产中常见的目视管理的例子。

3. 什么叫"5S"管理? 这种管理方法常用于哪些地方?

4. 一个制衣厂产品质量差,销售不畅,用因果分析图进行分析。

5. 某饲料厂抽检不合格品 250 袋,其中不合格原因为水分过多的 182 袋、蛋白质过少的 34 袋、维生素不足的 5 袋、含黄曲霉素的 13 袋、其他原因的 6 袋。根据这些数据绘制排列图。

6. 一个工厂欲在半年内新建一个车间,用网络计划技术绘制其网络图。

参考文献

［1］蔡世馨. 现代生产管理［M］. 大连:东北财经大学出版社,2000.

［2］单凤儒. 管理学基础［M］. 北京:高等教育出版社,2004.

［3］王关义. 现代生产管理［M］. 北京:经济管理出版社,2005.

［4］夏昌祥. 现代企业管理［M］. 重庆:重庆大学出版社,2002.

［5］徐子健. 组织行为学［M］. 北京:对外经济贸易大学出版社,2005.

［6］张道生. 生产作业管理［M］. 北京:电子工业出版社,2005